# はじめての フィリピン語

欧米・アジア語学センター
並木香奈美

## はじめに

　大小7100以上もの島々から成るフィリピンは、独自の文化・言語を持つ70以上もの民族グループが住む多文化・多言語国家です。主要な言語であるタガログ語、イロカノ語、セブアノ語、イロンゴ語、ビコール（ビコラーノ）語、ワライ語、パンパンガ語、パンガシナン語のほか、少数民族の言葉や方言など含めると500以上の言葉があるとされています。こうした複雑な言語背景のなか、全国に通じる共通語（国語）として形成・規定されたのが「フィリピノ語」です。

　フィリピノ語は、マニラ首都圏やルソン島中南部で広く話されているタガログ語が基盤となっています。フィリピンは、16世紀中頃から19世紀末までスペイン、また20世紀に入ってからはアメリカの統治を受けていたため、タガログ語の語彙には多くのスペイン語や英語の単語が取り込まれています。こうしたスペイン語や英語の影響を含め、タガログ語を母体に他のフィリピン諸言語で頻繁に用いられる単語を加えた言語がフィリピノ語です。

　本書では、フィリピノ語をわかりやすく「フィリピン語」と呼び、筆者が滞在していたマニラ首都圏で耳にする会話言葉を中心に載せています。近年、マニラ首都圏では、タグリッシュ（Taglish）と呼ばれる、英語とタガログ語を文や単語単位で切り替えて話したり、英単語をタガログ語化して話したりするなど、英語とタガログ語の混用が目立ちます。こうした英語混ざりの単語は時にスラングとして解釈されるかもしれませんが、日常の会話でよく使われるものについては、あえて本書に含めています。

本書は、大きく分けて、会話文、基本文法、基本単語集のパートから成っています。基本文法では、全ての文法を網羅しているわけではありませんが、知っておくと便利な表現を載せています。会話文は、日常会話（2章）のほか、旅行で使えるフレーズ（3章）と在日フィリピン人と話せるフレーズ（4章）をまとめましたが、4章では、日本で役所、学校、近所の人がフィリピン人と話すシチュエーションを想定しています。

　また、本文会話文中の合間には、フィリピンがどのような国なのか少しでも知ってもらえるよう、豆知識や社会・文化背景などを所々に加えました。日本で報道される新聞やニュースからは、フィリピンの悪いイメージが先行しがちですが、フィリピンは多彩な文化を持つ国でもあります。

　フィリピン人とは英語でもコミュニケーションが取れるかもしれません。しかし、フィリピンの言語が話せるのと話せないのとでは、親しくなれる程度、相手とわかり合える程度がかなり違ってきます。特に、結婚や仕事を通して、日本人とフィリピン人の交流が進む今日では、相手のことをきちんと理解するうえでも彼らの言葉を習得するのは大変大切なことです。その際に、本書が少しでも役に立ち、そして、フィリピンに興味を持つきっかけになれば幸いです。

　最後になりますが、会話文作成に協力いただいたロセル・チンさんに心より感謝申し上げます。

　Mabuhay sa inyong lahat!!

並木香奈美

● 目 次 ●

はじめに

## 1章　フィリピン語の文字と発音

| | | | |
|---|---|---|---|
| 1 | 文字について | 10 | CD- 1 |
| 2 | 発音について | 11 | CD- 2 |

## 2章　日常生活で使えるフレーズ

| | | | |
|---|---|---|---|
| 1 | 出会いのあいさつ | 16 | CD- 3 |
| 2 | 別れのあいさつ | 18 | CD- 4 |
| 3 | お礼、おわび | 20 | CD- 5 |
| 4 | お祝い | 22 | CD- 6 |
| 5 | 時間 | 24 | CD- 7 |
| | 時間の言い方 | 25 | CD- 8 |
| 6 | 日付、月、曜日、年 | 26 | CD- 9 |
| 7 | 場所、位置 | 28 | CD-10 |
| 8 | 人・物の所在 | 30 | CD-11 |
| 9 | 人・物の有無について | 32 | CD-12 |
| 10 | 程度の言い方 （1） | 34 | CD-13 |
| 11 | 程度の言い方 （2） | 36 | CD-14 |
| 12 | 頻度の言い方 | 38 | CD-15 |
| 13 | わかる、知っている | 40 | CD-16 |
| 14 | できる | 43 | CD-17 |
| 15 | 必要だ | 45 | CD-18 |
| 16 | ～したい | 47 | CD-19 |

| | | | |
|---|---|---|---|
| 17 | 好き、嫌い | 49 | CD-20 |
| 18 | お願いする、許可を求める | 51 | CD-21 |
| 19 | 初対面のとき | 54 | CD-22 |
| 20 | 自己紹介 | 56 | CD-23 |
| 21 | 天気について | 58 | CD-24 |
| 22 | 朝起きて | 60 | CD-25 |
| 23 | 学校・仕事に行く | 62 | CD-26 |
| 24 | 食事する | 64 | CD-27 |
| 25 | 料理する | 68 | CD-28 |
| 26 | おやつ | 70 | CD-29 |
| 27 | 寝るとき | 74 | CD-30 |
| 28 | 電話の応対 | 76 | CD-31 |
| 29 | 携帯電話 | 78 | CD-32 |
| 30 | 家を訪問する | 80 | CD-33 |
| 31 | 誘う | 82 | CD-34 |
| 32 | 誘いを断る | 85 | CD-35 |
| 33 | 待ち合わせ | 87 | CD-36 |
| 34 | 体調 | 89 | CD-37 |
| 35 | 気持ち・感想を伝える | 92 | CD-38 |
| 36 | 恋愛表現 | 95 | CD-39 |
| 37 | 怒る | 98 | CD-40 |
| 38 | 励ます、ほめる | 100 | CD-41 |
| 39 | 忠告する、注意する | 102 | CD-42 |
| 40 | 会話の中の相づち | 105 | CD-43 |

## 3章　旅行で使えるフレーズ

| | | | |
|---|---|---|---|
| 1 | 機内で | 108 | CD-44 |
| 2 | 空港で | 110 | CD-45 |
| 3 | タクシーに乗る | 112 | CD-46 |
| 4 | ホテルで　(1) | 114 | CD-47 |
| 5 | ホテルで　(2) | 116 | CD-48 |
| 6 | 銀行、両替所 | 118 | CD-49 |
| 7 | ショッピング　(1) | 120 | CD-50 |
| 8 | ショッピング　(2) | 122 | CD-51 |
| 9 | 市場・サリサリストアで買い物をする | 124 | CD-52 |
| 10 | レストランに入る | 127 | CD-53 |
| 11 | レストランで | 129 | CD-54 |
| 12 | 観光する　(1) | 134 | CD-55 |
| 13 | 観光する　(2) | 136 | CD-56 |
| 14 | 宗教・文化行事を見る | 138 | CD-57 |
| 15 | バス・ジープニーに乗る | 140 | CD-58 |
| 16 | 娯楽 | 142 | CD-59 |
| 17 | 病院・薬局に行く | 146 | CD-60 |
| 18 | 注意する | 148 | CD-61 |
| 19 | トラブルにあったとき | 150 | CD-62 |

## 4章　在日フィリピン人と話せるフレーズ

| | | | |
|---|---|---|---|
| 1 | スーパーマーケットで | 154 | CD-63 |
| 2 | 銀行・郵便局で | 156 | CD-64 |
| 3 | 市役所などで　(1) | 160 | CD-65 |
| 4 | 市役所などで　(2) | 162 | CD-66 |

| | | |
|---|---|---|
| 5 | 学校で | 165 CD-67 |
| 6 | 病院で | 168 CD-68 |
| 7 | 住まいで (1) | 171 CD-69 |
| 8 | 住まいで (2) | 173 CD-70 |
| 9 | 住まいで (3) | 175 CD-71 |

## 5章　基本文法

| | | |
|---|---|---|
| 1 | 標識辞と人称・指示代名詞 | 180 |
| 2 | 単語の形成 | 183 |
| 3 | 単語の修飾 | 185 |
| 4 | 基本文型 | 188 |
| 5 | 動詞 | 194 |
| 6 | 小辞 | 201 |
| 7 | 否定文 | 203 |
| 8 | 疑問文 | 204 |
| 9 | 尊敬文 | 208 |
| 10 | 命令・勧誘など | 209 |
| 11 | 存在・所有の有無を表す | 211 |
| 12 | 所在の有無を表す | 213 |
| 13 | 擬似動詞 | 215 |
| 14 | 比較表現 | 221 |
| 15 | 性質や状態の度合いを表す | 223 |
| 16 | いろいろな表現 | 224 |

## 6章　基本単語

| | | |
|---|---|---|
| 1 | 数字の読み方 | 232 |
| 2 | 一日の時間 | 233 |
| 3 | 日、週、月、年 | 234 |
| 4 | 序数 | 235 |
| 5 | 四季、月、曜日 | 236 |
| 6 | 位置、方向 | 237 |
| 7 | 色、形 | 238 |
| 8 | 天気 | 239 |
| 9 | 自然 | 240 |
| 10 | 動物、植物 | 241 |
| 11 | 家族、人々 | 244 |
| 12 | 体 | 246 |
| 13 | 街、乗り物 | 249 |
| 14 | 職業 | 252 |
| 15 | 食事 | 253 |
| 16 | 野菜、果物 | 255 |
| 17 | 調味料、味 | 257 |
| 18 | 料理 | 258 |
| 19 | 家、生活用品 | 259 |
| 20 | 衣類、小物 | 260 |
| 21 | 病気、症状 | 262 |
| 22 | 宗教、民間信仰 | 264 |
| 23 | よく使う副詞 | 265 |
| 24 | よく使う形容詞 | 266 |
| 25 | よく使う動詞 | 271 |

〈付録〉　動詞の活用

表紙・本文イラスト　パステル工房（望月慎一）

# 1章

# フィリピン語の文字と発音

# 1 文字について　　CD-1

　タガログ語は、アルファベットで表記され、"abakada（アバカダ）"と呼ばれる20文字から成っています。

| | | | | | |
|---|---|---|---|---|---|
| A | a | [ア] | N | n | [ナ] |
| B | b | [バ] | NG | ng | [ガ] |
| K | k | [カ] | O | o | [オ] |
| D | d | [ダ] | P | p | [パ] |
| E | e | [エ] | R | r | [ラ] |
| G | g | [ガ] | S | s | [サ] |
| H | h | [ハ] | T | t | [タ] |
| I | i | [イ] | U | u | [ウ] |
| L | l | [ラ] | W | w | [ワ] |
| M | m | [マ] | Y | y | [ヤ] |

　フィリピン語は、これらの20文字に、C, F, J, Ñ, Q, V, X, Zの8文字を加えた28文字です。これは、英語のアルファベットにÑとNGを加えたものともいえます。

　ただし、C, F, J, Ñ, Q, V, X, Zの8文字は、固有名詞（地名や人名）に使われています。固有名詞以外の単語は、アバカダの20文字で表わされます。

## 2 発音について　CD-2

　フィリピン語の母音は、**a, e, i, o, u** の5つです。
　単語は、実際の発音に準じてつづられているので、基本的にはローマ字を読む要領で発音します。
　ただし、以下の点に注意してください。

1　"ng" は、これで1文字とみなされ、鼻にかけて発音する鼻濁音です。

> 例　**pangalan**　［パガーラン］　名前
> 　　**bangko**　　［バーンコ］　　銀行

　ただし、外国語からの借用語に現れる ng は、n と g の組み合わせである場合もあるので、注意してください。

2　l と r は、はっきり区別して発音します。
　　[l] は英語と同様、舌先を上歯茎につけて発音します。
　[r] は日本語のラ行に近い発音ですが、フィリピン語では
　[r] をかなり巻き舌にしたり、強調して発音する人も多いです。
　　例えば、英語の October でも、［オクトーベル］と発音されたりします。慣れていない人には、聞き取りづらいかもしれません。

3　フィリピン語のアクセントの多くは、単語の最後の音節か、最後から2番目の音節にあります。(ただし、長い単語ではアクセントがもう一箇所あることがあります)。アクセント符号 ( ´ ) が、単語の最後から2番目の音節にあるとき (ただし、この場合、辞典などには、アクセント符号はついていません)、この音節にある母音は心もち長く発音します。

| 例 | búkas | ［ブーカス］ | 明日 |
|---|---|---|---|
| | bukás | ［ブカス］ | 開いている |
| | kaibígan | ［カイビーガン］ | 友だち |
| | kaibigán | ［カイビガン］ | 恋人 |

　上記のように、単語のつづりが同じでも、アクセントの違いでまったく別の意味になる単語がいくつかあるので、発音には注意しましょう。

**4**　フィリピン語では「声門閉鎖音」といわれる、アルファベットでは表されない子音があります。
　これは、日本語で「ハイッ」というときの「ッ」の部分にあたり、のどを閉じて音を止めることによって発する音です。

　声門閉鎖音が語頭に生じる場合、何の符号も用いて表記しません。
　単語の中間で、子音と母音の間に声門閉鎖音が生じる場合、符号（-）で表されます。母音と母音の間に生じるものは何の符号も用いて表記しません。従って母音と母音の連続がある場合には、声門閉鎖音を入れて発音してください。
　単語の語末に生じるものは、語末の音節の母音の上に符号（`）をつけて表記しますが、アクセントがこの母音にあるときは、アクセント符号（´）と組み合わせて（^）で表されます。

語頭の場合

| 例 | apoy | ［(ッ)アポイ］ | 火 |
|---|---|---|---|

1章　フィリピン語の文字と発音

中間の場合

| 例 | noon | ［ノッオン］ | 以前 |
| | mag-walis | ［マグッワリス］ | ほうきで掃く |
| | pag-asa | ［パグッアーサ］ | 希望 |

語末の場合

| 例 | púsò | ［プーソッ］ | 心臓、心 |
| | dugô | ［ドゥゴッ］ | 血 |

　なお、ここではアクセントや声門閉鎖音の符号を表記してありますが、本文の会話文の中では表記してありません。ただし、単語の最後に来る声門閉鎖音に関しては、カタカナの「ッ」で表記してあります。

5　例外的に、つづりと発音が異なる単語がいくつかあります。

①　文中に単独で現れる標識辞の ng および複数を表す mga は、それぞれ/naŋ/［ナン］（ンは鼻濁音）、/maŋa/［マガ］（ガは鼻濁音）と発音します。

②　子音 y の前の i は、発音の際、省略される傾向にあります。

| 例 | siyam | ［シャム］ | 9 | → | syam |
| | (siya | ［シャ］ | 彼・彼女 | → | sya) |
| | (niya | ［ニャ］ | 彼・彼女の | → | nya) |

　このほかに、estudiyante ［エストゥジャンテ］ → estudyante のような例もあります。

(ただし、sya、nya は携帯メールなどで省略字としてのみ使われます。)

③ その他

| | | |
|---|---|---|
| **mayroon** | ［メーロン］ | あります、います |
| **kaunti** | ［コーンティ］ | 少し |
| **sauli** | ［ソーリッ］ | 「magsauli（返す）」の語根 |

## 2章

# 日常生活で使えるフレーズ

# 1. 出会いのあいさつ

① おはよう。　　　　　　**Magandang umaga.**
　　　　　　　　　　　　　マガンダン　ウマーガ

　おはようございます。　**Magandang umaga po.** 〔丁寧〕
　　　　　　　　　　　　　マガンダン　ウマーガ　ポッ

② こんにちは。　　　　　**Magandang hapon.**
　　　　　　　　　　　　　マガンダン　ハーポン

　　　　　　　　　　　　　**Magandang hapon po.** 〔丁寧〕
　　　　　　　　　　　　　マガンダン　ハーポン　ポッ

③ こんばんは。　　　　　**Magandang gabi.**
　　　　　　　　　　　　　マガンダン　ガビ

　　　　　　　　　　　　　**Magandang gabi po.** 〔丁寧〕
　　　　　　　　　　　　　マガンダン　ガビ　ポッ

④ 元気？　　　　　　　　**Kumusta ka na?**
　　　　　　　　　　　　　クムスタ　カ　ナ

　お元気ですか？　　　　**Kumusta na kayo?**
　　　　　　　　　　　　　クムスタ　ナ　カヨ

⑤ 元気です。あなたは？　**Mabuti naman. Ikaw?**
　　　　　　　　　　　　　マブーティ　ナマン　イカウ

　　　　　　　　　　　　　**Mabuti naman po. Kayo po?** 〔丁寧〕
　　　　　　　　　　　　　マブーティ　ナマン　ポッ　カヨ　ポッ

2章　日常生活で使えるフレーズ

⑥ 最近どう？　　　　　　**Ano'ng balita?**
　　　　　　　　　　　　　アノン　　バリータ

⑦ どこに行くの？　　　　**Saan ka pupunta?**
　　　　　　　　　　　　　サアン　カ　ププンタ

⑧ どこに行ってたの？　　**Saan ka galing?**
　　　　　　　　　　　　　サアン　カ　ガーリン

### ひとことメモ　Mano po.
　　　　　　　　　　マノ　ポ

　フィリピンでは人口の80％をキリスト教徒（カトリック）が占めています。そのキリスト教徒の間では、目上の人（特に親族間）に対して、**"Mano po**（マノ　ポ）**."** というあいさつをする習慣があります。これは、目上の人の手をとり、手の甲を自分の額にあてるというあいさつで、敬意を表すために行います。

　また、親しい間柄では、男女間であっても、**beso–beso**（ベソベソ）（頬にキスをするあいさつ）と呼ばれるあいさつがよく行われます。フィリピン人はスキン・シップを大切にする国民といえます。

---

### ★　語句の解説　★

① maganda：（＝good）良い、umaga：朝、po：丁寧・敬意を表す小辞
② hapon：午後
③ gabi：夜
⑥ ano：（＝what）何、balita：ニュース、知らせ
⑦ saan：どこ、pupunta【未】：行く〈pumunta プムンタ〉
⑧ galing：〜から（来る）

　丁寧な言い方や敬意を払った言い方をする時は、po/ho を加えたり、もしくは、相手に対して2人称複数形の人称代名詞で表現します（例えば ka を kayo と言います）。詳しくは「5章 基本文法 9 尊敬文」を参照。

# 2. 別れのあいさつ

① さようなら。　　　　**Paalam.**
　　　　　　　　　　　パアラム

② じゃあ！　また！　　**Sige! / Siya!**
　　　　　　　　　　　シゲ　　シャ

③ お先に。　　　　　　**Mauna na ako sa inyo.**
　　　　　　　　　　　マウーナ　ナ　アコ　サ　イニョ

④ 帰ります。　　　　　**Aalis na ako. /**
　　　　　　　　　　　アアリス　ナ　アコ
　　　　　　　　　　　**Uuwi na ako.**
　　　　　　　　　　　ウウウィ　ナ　アコ

⑤ また明日。　　　　　**Bukas ulit.**
　　　　　　　　　　　ブーカス　ウリット
　また後で。　　　　　**Mamaya ulit.**
　　　　　　　　　　　マーマヤ　ウリット

⑥ また会いましょう。　**Magkita tayo ulit.**
　　　　　　　　　　　マグキータ　ターヨ　ウリット

2章　日常生活で使えるフレーズ

⑦ ではまた今度。　　　　**Hanggang sa muli.**
　　　　　　　　　　　　　ハンガン　　サ　ムリッ

⑧ 気をつけて。　　　　　**Ingat (ka).**
　　　　　　　　　　　　　インガット（カ）

　　　　　　　　　　　　**Mag-ingat kayo.**
　　　　　　　　　　　　　マグインガット　カヨ

⑨ 気をつけて帰って。　　**Mag-ingat ka sa pag-uwi mo.**
　　　　　　　　　　　　　マグインガット　カ　サ　パグウウィ　モ

---

### ★　語句の解説　★

② **Sige! / Siya!**：じゃあ！　また！〔別れを示唆する言葉です。別れのあいさつをする前に言います〕
③ **mauna**：先に行く、**ako**：私は、**sa inyo**：あなたたちより
④ **aalis**【未】：去る、行く〈umalis ウマリス〉、**uuwi**【未】：帰る〈umuwi ウムウィ〉
⑤ **bukas**：明日、**ulit**：(＝again) また、**mamaya**：あとで〔時間的に〕
⑥ **magkita**【基】：会う、**tayo**：私たち〔話し相手を含みます〕
⑦ **hanggang**：(＝until) ～まで、**muli**：また
⑧ **ingat**【語根】：気をつける〔相手に呼びかける時、また命令をする時などは、語根のみで言うことが多いです〕、**mag-ingat**【基】：気をつける
⑨ **pag-uwi**：帰ること〔動詞の名詞化〕

# 3. お礼、おわび

① ありがとう。

**Salamat.**
サラーマット

どうもありがとう。

**Maraming salamat.** /
マラーミン　サラーマット

**Marami pong salamat.**
マラーミ　ポン　サラーマット

② あなたには感謝しています。

**Nagpapasalamat ako sa iyo.**
ナグパパサラーマット　アコ　サ　イヨ

③ どういたしまして。

**Walang anuman.**
ワラン　アヌマン

④ ごめんなさい。すみません。

**Sori.** / **Pasensya na po.**
ソーリー　パセンシャ　ナ　ポッ

⑤ 面倒をおかけしてすみません。

**Pasensya na po kayo sa abala.**
パセンシャ　ナ　ポ　カヨ　サ　アバーラ

⑥ 許してください。

**Patawad po.** /
パターワッド　ポッ

**Patawarin ninyo ako.**
パタワーリン　ニニョ　アコ

2章　日常生活で使えるフレーズ

## コラム：キリスト教国フィリピン

　フィリピンは、1521年、世界周航中のフェルディナンド・マゼランによって発見され、その後300年以上にも渡り、スペインの統治下に置かれました。この間にキリスト教を始めとする様々な西洋の文化が流入・浸透し、フィリピンは東南アジア諸国で数少ないキリスト教国になりました。
　フィリピンという名は、スペイン皇子フェリペ（後のフェリペ2世）に由来しています。スペインのフィリピン統治は、キリスト教（カトリシズム）布教を通して行われました。つまり、キリスト教に改宗させることで、フィリピン人を支配したといえます。南部ミンダナオ地方に広まっていたイスラム教を除き、体系的な宗教をもたなかった人々は、比較的柔軟にキリスト教を受容しました。その大きな理由として、スペイン宣教師がフィリピン人の文化・社会的慣習を上手く取り入れたためといわれています。
　フィリピンでは、重要な儀礼や祝宴の際、人々は歌や踊りを通して共に祈ったり、喜びを分かち合う慣習をもっていました。こうすることで、人々は共同体意識をも育んでいました。フィリピン人の生活にとって歌や踊りが重要な要素であることを知った宣教師らはこれを利用し、キリスト教に関する行事や祭りにも歌や踊りを取り入れました。特にキリストの生誕から受難にいたるまでの生涯を演劇化したり詠唱化することで、聖書などを読めない人々の間にもキリスト教を広く布教することができたといわれています。現在でもフィエスタ（祝祭）では、歌や踊りを盛り込んだパレードが地域をあげて盛大に行われたり、またクリスマスや聖週間などでは、キリストの生誕や受難の過程を劇化したりして再現されています。

★　語句の解説　★
① **marami**：（＝many）多い、たくさん
② **nagpapasalamat【継】**：感謝している〈magpasalamat マグパサラーマット〉
④ **Sori.**：英語の"Sorry." **pasensya**：忍耐、我慢、**po**：丁寧を表す小辞
⑤ **abala**：面倒をかけること
⑥ **patawad**：（＝pardon）許すこと、**patawarin【基】**：（〜を）許す

# 4. お祝い

① お誕生日おめでとう。　**Maligayang kaarawan!**
　　　　　　　　　　　　マリガーヤン　カアラワン

　　　　　　　　　　　　**Maligayang bati sa iyong kaarawan!**
　　　　　　　　　　　　マリガーヤン　バティ　サ　イョン　カアラワン

② ご結婚おめでとう。　　**Maligayang bati sa inyong kasal.**
　　　　　　　　　　　　マリガーヤン　バティ　サ　イニョン　カサル

③ メリークリスマス！　　**Maligayang Pasko!**
　　　　　　　　　　　　マリガーヤン　パスコ

④ 新年おめでとう！　　　**Manigong Bagong Taon!**
　　　　　　　　　　　　マニーゴン　バーゴン　タオン

⑤ 万歳！／乾杯！　　　　**Mabuhay!**
　　　　　　　　　　　　マブーハイ

---

### ★　語句の解説　★

① **maligaya**：楽しい、うれしい、**Maligayang bati!**：（＝Congratulations!）おめでとう！　**kaarawan**：本来、「祝日、記念日」などを意味するものですが、「誕生日」がより定着しているようです。
② **kasal**：結婚
③ **Pasko**：クリスマス
④ **Bagong Taon**：（＝new year）新年

2章　日常生活で使えるフレーズ

## コラム：クリスマスと大晦日

　フィリピンではクリスマスが一年で一番盛大な行事で、街中が華やかなクリスマス・デコレーションで飾られます。September（9月）、October（10月）、November（11月）、December（12月）は **"Ber months**（ベール　マンス）**"** と呼ばれ、9月になるとクリスマスへのカウントダウンが始まります。クリスマス・デコレーションやギフトが店内に並べられ、街中は大小の **parol**（パロール）と呼ばれる星の形をした飾りなどで飾られ、とても華やかになります。クリスマスは、知人・同僚やお世話になった人にギフトを配るなど、一年で一番出費のかさむ時期でもありますが、同時に、人々がとても陽気で寛容になる時期でもあります。そのため、仕事上の問題もこの時期（特に12月）であれば、比較的スムーズに進められるといわれています。一方では、人々が仕事をしなくなるという一面もあります。

　海外で働くフィリピン人たちも、クリスマスを家族と一緒に過ごすため、続々とフィリピンに戻って来ます。彼らはプレゼントの詰まった大きな箱、**balikbayan box**（バリックバーヤン　ボックス）を何箱も持って帰国するため、空港はごった返しますが、これも1つの風物詩といえるでしょう。ちなみに、**balikbayan** とは、海外からフィリピンに戻って来る人々のことを言います（**balik**「戻る（の語根）」＋**bayan**「国」）。

　また、大晦日は、日付の変わる0時に向けて、**torotot**（トロートット）と呼ばれる小さいトランペットのようなもので音を出したり、爆竹や花火があちこちで盛大に打ち上げられます。日本の厳かな大晦日とは大違いで、とてもにぎやかです。ただ、爆竹による事故が多く、毎年多くの死者・負傷者が出ています。

# 5. 時間

① 今、何時ですか？　　　**Anong oras na ngayon?**
　　　　　　　　　　　　アノン　オーラス　ナ　ガヨン

② 1時です。　　　　　　**Ala una.**
　　　　　　　　　　　　アラ　ウーナ

　7時になるところです。　**Mag-seseven o'clock.**
　　　　　　　　　　　　マグセセブン　オクロック

③ まだ時間があります。　**May oras pa tayo.**
　　　　　　　　　　　　マイ　オーラス　パ　ターヨ

　私には時間がありません。**Wala akong oras.**
　　　　　　　　　　　　ワラ　アコン　オーラス

④ 今朝、何時に起きましたか？　**Anong oras ka gumising kaninang umaga?**
　　　　　　　　　　　　アノン　オーラス　カ　グミーシン　カニーナン　ウマーガ

⑤ 今晩、何時に寝ますか？　**Anong oras ka matutulog mamayang gabi?**
　　　　　　　　　　　　アノン　オーラス　カ　マトゥトゥーロッグ　マーマヤン　ガビ

⑥ 何時までですか？　　　**Hanggang anong oras?**
　　　　　　　　　　　　ハンガン　アノン　オーラス

⑦ もうお昼ごはんだよ。　**Tanghalian na.**
　　　　　　　　　　　　タンハリーアン　ナ

2章　日常生活で使えるフレーズ

## ★　時間の言い方　　　CD-8

「〜時です」は Alas〜(アラス)、「(〜時)半」は y medya(イ メージャ)、「(〜時) 15分」は kinse(キンセ)で表します。しかし、「1時」の場合は、Ala Una(アラ ウーナ) になります。

(例)　4時半です。　　　**Alas kuwatro y medya.** (アラス クワトロ イ メージャ)
　　　5時15分です。　　**Alas singko kinse.** (アラス シンコ キンセ)

　時間を表すときは、早朝は madaling araw(マダリン アーラウ)、朝(午前中)は umaga(ウマーガ)、正午は tanghali(タンハーリ)、午後は hapon(ハーポン)、夜は gabi(ガビ)、夜中は hatinggabi(ハーティンガビ) を、時間の後につけます。

(例)　午前7時です。　　**Alas siyete ng umaga.** (アラス シエテ ナン ウマーガ)
　　　午後3時です。　　**Alas tres ng hapon.** (アラス トレス ナン ハーポン)
　　　午後8時です。　　**Alas otso ng gabi.** (アラス オーチョ ナン ガビ)
　　　正午12時です。　　**Alas dose ng tanghali.** (アラス ドーセ ナン タンハーリッ)
　　　夜中の12時です。　**Alas dose ng hatinggabi.** (アラス ドーセ ナン ハーティンガビ)

　また、「Mag＋何時の継続相」で、"〜時になるところ"を表します。
　　10時になるところ。**Mag–teten o'clock.** (マグ テテン オクロック) / **Mag–didiyes.** (マグ ジジエス)

---

### ★　語句の解説　★

① **anong oras**：何時、**ngayon**：今
③ **may**：ある、**oras**：時間、**pa**：まだ、**wala**：ない
④ **gumising**【完】：起きた〈gumising グミーシン〉、**kaninang umaga**：今朝〔kanina は過ぎ去った時を表します〕
⑤ **matutulog**【未】：寝る、眠る〈matulog マトゥーログ〉、**mamayang gabi**：今夜〔mamaya は現時点より後に来る時を表します〕
⑥ **hanggang**：〜まで
⑦ **tanghalian**：お昼ごはん

# 6. 日付、月、曜日、年

① 今日は何日ですか？

　6月12日、独立記念日です。

**Anong petsa ba ngayon?**
アノン　ペッチャ　バ　ガヨン

**Ika labindalawa ng Hunyo,**
イカ ラビンダラワ　ナン　フーニョ

**Araw ng Kalayaan.**
アーラウ　ナン　カラヤアン

② 明日は何曜日ですか？

　月曜日です。

**Anong araw ba bukas?**
アノン　アーラウ　バ　ブーカス

**Lunes.**
ルーネス

③ あなたの休暇はいつですか？

　8月です。

**Kailan ang bakasyon mo?**
カイラン　アン　バカション　モ

**Sa Agosto.**
サ　アゴスト

④ 何年生まれですか？

**Anong taon ka ipinanganak?**
アノン　タオン　カ　イピナガナック

⑤ いつからここにいるの？

　先週からです。

**Kailan ka pa rito?**
カイラン　カ　パ　リート

**Noong isang linggo pa.**
ノオン　イサン　リンゴ　パ

2章　日常生活で使えるフレーズ

　　先週の土曜からです。　　**Noong Sabado pa.**
　　　　　　　　　　　　　　ノオン　サバド　パ

⑥　どのくらいマニラにい　　**Gaano ka ba katagal sa Manila?**
　　ましたか？　　　　　　　ガアーノ　カ　バ　カタガル　サ　マニラ

　　約5年です。　　　　　　**Mga limang taon.**
　　　　　　　　　　　　　　マガ　リマン　タオン

　　1ヶ月です。　　　　　　**Isang buwan.**
　　　　　　　　　　　　　　イサン　ブワン

⑦　私たちは毎週、教会に　　**Nagsisimba kami tuwing linggo.**
　　行きます。　　　　　　　ナグシシンバ　カミ　トゥイン　リンゴ

---

### ★ 語句の解説 ★

① **anong petsa**：何日、**ngayon**：今日、**araw**：日、**kalayaan**：自由
② **anong araw**：何曜日、**bukas**：明日、**Lunes**：月曜日
③ **kailan**：いつ、**bakasyon**：（＝vacation）休暇、**Agosto**：8月
④ **anong taon**：何年、**ipinanganak**【完】：生まれた〈ipanganak イパガナック〉
⑤ **kailan pa**：いつから、**rito**：ここ、**noon**：過去の「日、週、月、年」を表します、**noong isang linggo**：先週、**Sabado**：土曜日
⑥ **gaano katagal**：どのくらい長い間、**mga**：約、**lima**：5、**taon**：年、**isang buwan**：1ヶ月
⑦ **nagsisimba**【継】：教会に行っている〈magsimba マグシンバ〉、**tuwing**：毎〜

# 7. 場所、位置

① トイレはどこですか？　**Saan ang C.R.?**
　　　　　　　　　　　　サアン　アン　シーアール

　向こう側です。　　　**Sa kabila po.**
　　　　　　　　　　　サ　カビラ　ポッ

　まっすぐ行くと、右側　**Dumiretso kayo at nasa kanan**
　にあります。　　　　　ドゥミレーチョ　カヨ　アット　ナサ　カナン
　　　　　　　　　　　**iyon.**
　　　　　　　　　　　イヨン

② あなたの言う食堂は、　**Saan banda ang kainan na sinasabi**
　どのあたりですか？　　サアン　バンダ　アン　カイーナン　ナ　シナサービ
　　　　　　　　　　　**mo?**
　　　　　　　　　　　モ

　教会のあるところです。　**Sa may simbahan.**
　　　　　　　　　　　　サ　マイ　シンバーハン

③ 私のメガネをどこに置　**Saan mo nilagay ang salamin ko?**
　きましたか？　　　　　サアン　モ　ニラガイ　アン　サラミン　コ

　机の上です。　　　　**Sa ibabaw ng mesa.**
　　　　　　　　　　　サ　イバーバウ　ナン　メーサ

④ バスは立体交差道路の　**Dadaan ang bus sa ibabaw ng**
　上を通ります。　　　　ダダアン　アン　ブス　サ　イバーバウ　ナン
　　　　　　　　　　　**fly-over.**
　　　　　　　　　　　フライオーバー

2章　日常生活で使えるフレーズ

⑤ 猫がベッドの下に隠れています。　**Nakatago ang pusa sa ilalim ng**
　　　　　　　　　　　　　　　　　ナカターゴ　アン　プーサ　サ　イラーリム　ナン
**kama.**
カーマ

### ひとことメモ　フィリピンのバス："ibabaw"（イバーバウ）と "ilalim"（イラーリム）

　フィリピンのバスのフロントガラスには、小さいプレートが何枚も掛かっています。このプレートには行き先や経由地が書かれており、これを確認してバスに乗るわけです。プレートには、地名やランドマークとともに、**ibabaw**（上）や **ilalim**（下）と書かれているものがあります。
　これは、交差点に陸橋がある場合、バスが陸橋を通るのであれば **ibabaw**、通常の道路は **ilalim**、また地下道がある場合、地下道を通るのであれば **ilalim**、通常の道路は **ibabaw** を通ることを意味します。その交差点にどちらがあるのかを把握していないといけないのは厄介ですね。

---

### ★　語句の解説　★

① **saan**：どこに、どこですか、**C.R.**：トイレ〔英語の confort room の略語〕、**kabila**：反対側、**dumiretso**【基】：まっすぐ行く〔diretso まっすぐ〕、**nasa**：〜にある、**kanan**：右
② **banda**：あたり、付近、**kainan**：食べるところ、食堂、**sinasabi**【継】：言っている〈sabihin サビーヒン〉、**sa may**：〜のあるところ、**simbahan**：教会
③ **nilagay**【完】：置いた〈ilagay イラガイ〉、**salamin**：メガネ〔「鏡」の意味もあります〕、**sa ibabaw ng〜**：〜の上、**mesa**：机、テーブル
④ **dadaan**【未】：通る〈dumaan ドゥマアン〉、**bus**：バス〔発音に注意〕、**fly-over**〔英語〕：立体交差道路
⑤ **nakatago**：隠れている、**pusa**：猫、**sa ilalim ng**：〜の下、**kama**：ベッド

# 8. 人・物の所在

① お母さんはどこにいますか？

**Nasaan ang nanay?**
ナーサアン アン ナーナイ

彼女は台所にいます。

**Nasa kusina siya.**
ナーサ クシィーナ シャ

イルマおばさんのところにいます。

**Na kina Tita Irma.**
ナ キナ ティタ イルマ

② 私へのおみやげはどこですか？

**Nasaan ang pasalubong ko?**
ナーサアン アン パサルーボン コ

向こうの部屋にあります。

**Nandoon sa kuwarto.**
ナンドオン サ クワルト

まだスーツケースの中にあります。

**Nasa loob pa ng maleta.**
ナーサ ロオップ パ ナン マレータ

③ 彼女はそこにいますか？

**Nandyan ba siya?**
ナンジャン バ シャ

はい。彼女はここにいます。

**Oo. Nandito siya.**
オーオ ナンディート シャ

彼女はここにいません。

**Wala siya rito.**
ワラ シャ リート

2章 日常生活で使えるフレーズ

④ 私のカギはあなたのところにありますか？　**Nasa iyo ba ang susi ko?**
ナーサ イヨ バ アン スーシィ コ

私のところにはありません。　**Wala sa akin.**
ワラ サ アーキン

★ 語句の解説 ★

① **nasaan**：どこにいますか／ありますか、**nanay**：母、**nasa**：～にいる／ある、**kusina**：台所、**na kina**：～さんたちのところにいる、**tita**：おばさん
② **pasalubong**：おみやげ、**nandoon**：あそこにある、**kuwarto**：部屋、**maleta**：スーツケース
③ **nandyan**：そこにいる、**nandito**：ここにいる、**wala rito**：ここにいない
④ **nasa iyo**：あなたのところにある、**susi**：カギ

# 9. 人・物の有無について

① 恋人はいますか？　　　**May kasintahan ka ba?**
　　　　　　　　　　　　マイ カシンターハン カ バ

　　　　　　　　　　　　**Mayroon ka bang kasintahan?**
　　　　　　　　　　　　メロン　　カ バン　カシンターハン

います。／いません。　　**Mayroon. / Wala.**
　　　　　　　　　　　　メロン　　　　ワラ

② 仕事はありますか？　　**May trabaho ka ba?**
　　　　　　　　　　　　マイ トラバーホ カ バ

　　　　　　　　　　　　**Mayroon ka bang trabaho?**
　　　　　　　　　　　　メロン　　カ バン トラバーホ

あります。／ありません。**Mayroon. / Wala.**
　　　　　　　　　　　　メロン　　　　ワラ

③ お金を持って来ていますか？　**May dala ka bang pera?**
　　　　　　　　　　　　　　　マイ ダラ カ バン ペーラ

お金を持って来ていません。　　**Wala akong dalang pera.**
　　　　　　　　　　　　　　　ワラ アコン ダラン ペーラ

④ 私は家で犬を飼っています。　**May aso kami sa bahay.**
　　　　　　　　　　　　　　　マイ アーソ カミ サ バーハイ

　　　　　　　　　　　　　　　**Mayroon kaming aso sa bahay.**
　　　　　　　　　　　　　　　メロン　　カミン アーソ サ バーハイ

2章　日常生活で使えるフレーズ

⑤ フィリピンにはきれいな島がたくさんあります。

**Maraming magagandang isla sa Pilipinas.**
マラーミン　マガガンダン　イスラ　サ　ピリピーナス

⑥ 通りで歌っている人がいます。

**May kumakanta sa kalye.**
マイ　クマカンタ　サ　カーリェ

**Mayroong kumakanta sa kalye.**
メロン　クマカンタ　サ　カーリェ

⑦ 私はあなたに言うことがあります。

**May sasabihin ako sa iyo.**
マイ　ササビーヒン　アコ　サ　イヨ

**Mayroon akong sasabihin sa iyo.**
メロン　アコン　ササビーヒン　サ　イヨ

---

★　語句の解説　★

① **may / mayroon**：(物・人) がある／いる、**kasintahan**：恋人、**wala**：ない／いない
② **trabaho**：仕事
③ **May dala(ng) ～?**：～を持って来ていますか？　dala【語根】：持って行く／持って来る、**pera**：お金
④ **aso**：犬
⑤ **marami**：(物・人が) たくさんある／いる、**magaganda**：きれいな〔複数表現。基本形は maganda〕、**isla**：島
⑥ **kumakanta**【継】：歌っている 〈kumanta クマンタ〉、**kalye**：通り
⑦ **sasabihin**【未】：(～を) 言う 〈sabihin サビーヒン〉

# 10. 程度の言い方 (1)

〈遠さ（距離・時間）〉

① あなたのオフィスは、ここからどのくらい遠いですか？

**Gaano kalayo ang opisina mo mula rito?**
ガアーノ　カラーヨ　アン　オピシーナ　モ　ムラ　リート

② 数分です。

**Mga ilang minuto lang.**
マガ　イラン　ミヌート　ラン

１時間ぐらいです。

**Mga isang oras.**
マガ　イサン　オーラス

③ 彼の行くところは遠いのですか？

**Malayo ba ang pupuntahan niya?**
マラーヨ　バ　アン　ププンターハン　ニャ

④ ここからあそこまで約３キロです。

**Mga tatlong kilometro mula rito hanggang doon.**
マガ　タトゥロン　キロメトロ　ムラ　リート　ハンガン　ドオン

⑤ 私たちの移動時間は長いですか？

**Mahaba ba ang biyahe natin?**
マハーバ　バ　アン　ビヤーヘ　ナーティン

⑥ いいえ。すぐですよ。

**Hindi. Sandali lang iyon.**
ヒンディ　サンダリ　ラン　イヨン

2章　日常生活で使えるフレーズ

〈重さ〉

⑦ あなたの荷物はどのくらい重いのですか？

**Gaano kabigat ang bagahe mo?**
ガアーノ　カビガット　アン　バガーヘ　モ

たった15キロですよ。

**15 kilogram　　　lang.**
ラビンリマ キログラム　ラン

⑧ あなたのかばんは重いですね！

**Ang bigat ng bag mo!**
アン　ビガット　ナン　バッグ　モ

**Mabigat ang bag mo!**
マビガット　アン　バッグ　モ

---

★　語句の解説　★

① **gaano**：どのくらい、**kalayo**：形容詞 malayo（遠い）の語根 layo に ka- がついたもの、**opisina**：オフィス、**mula**：～から
② **mga**：約、およそ、**ilang minuto**：数分、**lang**：のみ、だけ、**isang oras**：1時間
③ **malayo**：遠い、**pupuntahan**：（これから）行く場所
④ **kilometro**：キロメーター、**hanggang**：～まで、**doon**：あそこ
⑤ **mahaba**：（時間や物が）長い、**biyahe**：（旅、交通の）所要時間
⑥ **sandali lang**：少し、ちょっとだけ
⑦ **kabigat**：形容詞 mabigat（重い）の語根 bigat に ka- がついたもの、**bagahe**：荷物、**kilogram**：キログラム
⑧ **bigat**【語根】：重い＝mabigat【形容詞】、　**bag**：かばん、バッグ

# 11. 程度の言い方 (2)

〈大きさ〉

① あなたの家はどのくらい大きいですか？

**Gaano kalaki ang bahay mo?**
ガアーノ カラキ アン バーハイ モ

私たちの家は小さいです。

**Maliit lang ang bahay namin.**
マリイット ラン アン バーハイ ナーミン

あなたたちの家と同じくらいです。

**Kasinlaki ng bahay ninyo.**
カシィンラキ ナン バーハイ ニニョ

② 彼の足はとても大きいです。

**Napakalaki ng paa niya.**
ナーパカラキ ナン パア ニャ

〈多さ〉

③ どのくらい多くの人が来ますか？

**Gaano karaming tao ang pupunta?**
ガアーノ カラミン タオ アン ププンタ

④ こんなに多くの問題があるとは思いませんでした。

**Hindi ko akalain na ganitong**
ヒンディ コ アカラーイン ナ ガニトン
**karami ang problema.**
カラーミ アン プロブレーマ

⑤ 女性より男性のほうが多いです。

**Mas maraming lalaki kaysa sa**
マス マラミン ララーキ カイサ サ
**babae.**
ババーエ

2章　日常生活で使えるフレーズ

⑥ 少しだけ。　　　　　　**Kaunti lang.**
　　　　　　　　　　　　コンティ　ラン

〈高さ〉
⑦ アポ山はどのくらい高　**Gaano kataas ang　Mt.　Apo?**
　いのですか？　　　　　ガアーノ　カタアス　アン　マウント　アポ

　アポ山はフィリピンで　**Mt.　Apo ang pinakamataas na**
　一番高い山です。　　　マウント　アポ　アン　　ピナカマタアス　　ナ

　　　　　　　　　　　　**bundok sa Pilipinas.**
　　　　　　　　　　　　ブンドック　サ　ピリピーナス

⑧ 彼女はどのくらい背が　**Gaano siya katangkad?**
　高いのですか？　　　　ガアーノ　シャ　カタンカッド

　彼女は私より2センチ　**Mas matangkad siya nang　　2cm**
　背が高いです。　　　　マス　マタンカッド　シャ　ナン　　トゥー
　　　　　　　　　　　　　　　　　　　　　　　　　　　　センチメトロ
　　　　　　　　　　　　**kaysa sa　akin.**
　　　　　　　　　　　　カイサ　サ　アーキン

---

★　語句の解説　★

① **gaano kalaki**：どのくらいの大きさ、**bahay**：家、**maliit**：小さい、**kasinlaki**：～と同じぐらいの大きさ〔**malaki**：大きい（語根 laki）〕
② **napakalaki**：とても大きい、**paa**：足の甲
③ **gaano karami**：どのくらい多い、**tao**：人、**pupunta**【未】：来る〈pumunta プムンタ〉
④ **akalain**【基】：(事実とは違うことを) 思う、**ganito**：これくらい、**problema**：問題
⑤ **lalaki**：男性、**babae**：女性
⑥ **kaunti**：少し、**lang**：だけ
⑦ **gaano kataas**：どのくらいの高さ〔**mataas** マタアス：高い〕、**Mt. Apo**：アポ山〔ミンダナオ島ダバオ市郊外にあるフィリピンで一番高い山〕、**pinakamataas**：一番高い、**bundok**：山
⑧ **gaano katangkad**：どのくらいの背の高さ〔**matangkad** マタン**カッ**ド：背が高い〕

# 12. 頻度の言い方

① どのくらいの頻度でフィリピン（マニラ）に帰るのですか？

**Gaano ka ba kadalas umuuwi sa Manila?**
ガアーノ カ バ カダラス ウムウウィ サ マニラ

② 一年に2回です。

**Dalawang bases sa loob ng isang taon.**
ダラワン ベーセス サ ロオップ ナン イサン タオン

③ モールにはよく行くのですか？

**Madalas ka ba pumunta sa mall?**
マダラス カ バ プムンタ サ モール

④ ときどきです。

**Paminsan minsan lang.**
パミンサン ミンサン ラン

⑤ 彼女はいつも食べています。

**Lagi siyang kumakain.**
ラーギ シャン クマカーイン

⑥ このような機会はめったにありません。

**Bihira lang ang ganitong okasyon.**
ビヒーラ ラン アン ガニトン オカション

2章　日常生活で使えるフレーズ

⑦ 出かけるとき、あなたはいつも彼と一緒ですね。

**Lagi mo siyang kasamang lumalabas.**
ラーギ　モ　シャン　カサーマン　ルマラバス

⑧ 私は長い間、実家に帰っていません。

**Matagal na akong hindi umuuwi sa probinsya namin.**
マタガル　ナ　アコン　ヒンディ　ウムウウィ　サ　プロビンシャ　ナミン

---

★　語句の解説　★

① **gaano kadalas**：どのくらいの頻度で、**umuuwi**【継】：帰っている〈umuwi ウムウィ〉
② **dalawa**：2、**bases**：〜回、**sa loob ng**：〜以内、**isa**：1、**taon**：年
③ **madalas**：頻繁に、よく、**pumunta**【基】：行く
④ **paminsan minsan**：時々、たまに、**lang**：だけ、のみ
⑤ **lagi**：いつも〜している、**kumakain**【継】：食べている〈kumain クマイン〉
⑥ **bihira**：まれ、めったにない、**ganito**：このような、**okasyon**：機会
⑦ **kasama**：一緒で、**lumalabas**【継】：出かけている〈lumabas ルマバス〉
⑧ **matagal**：長い、長く、**probinsya**：田舎、地方

# 13. わかる、知っている

① わかりますか？ **Naiintindihan mo?**
ナイインティンディハン モ

わかります。 **Naiintindihan ko.**
ナイインティンディハン コ

わかりません。 **Hindi ko naiintindihan.**
ヒンディ コ ナイインティンディハン

② それはどういう意味ですか？ **Anong ibig sabihin noon〔nun〕?**
アノン イビッグ サビーヒン ノオン〔ヌン〕

③ ホセ・リサールを知っていますか？ **Kilala mo ba si Jose Rizal?**
キラーラ モ バ シ ホセ リザール

もちろん、知っています。 **Syempre, kilala ko siya.**
シェンプレ キララ コ シャ

私は彼を知りません。 **Hindi ko siya kilala.**
ヒンディ コ シャ キララ

④ あのニュースを知っていますか？ **Alam mo ba iyong〔yung〕balita?**
アラム モ バ イヨン〔ユン〕 バリータ

知っています。／知りません。 **Alam ko. / Hindi ko alam.**
アラム コ ヒンディ コ アラム

2章 日常生活で使えるフレーズ

⑤ 彼女〔彼〕がどこに行ったか知っていますか？  
**Alam mo ba kung saan siya pumunta?**  
アラム モ バ クン サアン シャ プムンタ

私の知る限りでは、彼女は銀行に行きました。  
**Alam ko, pumunta siya sa bangko.**  
アラム コ プムンタ シャ サ バンコ

⑥ 彼女について何か知っていますか？  
**May alam ka ba tungkol sa kanya?**  
マイ アラム カ バ トゥンコル サ カニャ

何も知りません。  
**Wala akong alam.**  
ワラ アコン アラム

⑦ 聞いたところによると、彼女は結婚したそうです。  
**Balita ko, nag-asawa na raw siya.**  
バリータ コ ナグアサーワ ナ ラウ シャ

⑧ 彼らが言うには、彼女らは引っ越したそうです。  
**Sabi nila, lumipat daw sila.**  
サービ ニラ ルミーパット ダウ シィラ

⑨ 新聞によると、昨日事故があったそうです。  
**Sabi sa diyaryo, may aksidente raw kahapon.**  
サービ サ ジャリオ マイ アクシデンテ ラウ カハーポン

⑩ 私は知りません。  
**Ewan ko. / Malay ko.**  
エーワン コ マーライ コ

★　語句の解説　★

② **anong ibig sabihin**：どういう意味
③ **kilala**：(人を) 知っている、**Jose　Rizal**：ホセ・リサール〔フィリピンの国民的英雄〕、**syempre**：もちろん
④ **alam**：(物事を) 知っている、**iyon** / **yun**：あの、**balita**：ニュース、知らせ
⑤ **kung**：疑問文をつなぐ接続詞、**saan**：どこに、**pumunta**【完】：行く〈pumunta プムンタ〉、**bangko**：銀行
⑥ **may alam**：何か知っていることがある、**tungkol　sa**：〜について、**wala akong alam**：知っていることはない
⑦ **balita ko**：聞くところによると、**nag-asawa**【完】：結婚した〈mag-asawa マグアサーワ〉、**raw**：〜だそうだ
⑧ **sabi nila**：彼らが言うには、**lumipat**【完】：引っ越した〈lumipat ルミーパット〉
⑨ **sabi sa〜**：〜によると、**diyaryo**：新聞、**aksidente**：事故

## 14. できる

① 駅まで私を迎えに来られますか？　**Puwede mo ba akong sunduin sa estasyon?**
プウェデ　モ　バ　アコン　スンドゥイン　サ　エスタション

いいですよ。　**Sige.**
シィゲ

② 明日、大丈夫ですか？　**Puwede ka ba bukas?**
プウェデ　カ　バ　ブーカス

大丈夫です。　**Puwede ako.**
プウェデ　アコ

ダメです。　**Hindi ako puwede.**
ヒンディ　アコ　プウェデ

③ あなたにそれができますか？　**Kaya mong gawin iyan?**
カーヤ　モン　ガウィン　イヤン

もちろんできます！　**Kayang kaya!**
カーヤン　カーヤ

④ 十分に休息できました。　**Nakapagpahinga na ako ng mabuti.**
ナカパグパヒガ　ナ　アコ　ナン　マブーティ

⑤ 彼女はタガログ語が話せます。

**Marunong siyang mag–Tagalog.** /
マルーノン　シャン　マグタガーロッグ

**Marunong siyang magsalita ng**
マルーノン　シャン　マグサリタ　ナン

**Tagalog.**
タガーロッグ

⑥ 彼女は踊りが上手です。　　**Magaling siyang sumayaw.**
　　　　　　　　　　　　　　マガリン　　シャン　　スマヤウ

★　語句の解説　★

① **puwede**：できる、**sunduin**【基】：（〜を）迎えに来る／行く、**estasyon**：駅、**sige**：いいですよ、大丈夫です
② **buaks**：明日
③ **kaya**：できる〔能力的に〕、**gawin**【基】：する、行う、**kayang kaya**：もちろんできる〔kaya の強調〕
④ **nakapagpahinga**【完】：休息することができた〈makapagpahinga マカパグパヒガ〉、**ng mabuti**：よく、十分に
⑤ **marunong**：〜できる（技術を習得している）、**mag–Tagalog**【基】：タガログ語を話す、**magsalita**【基】：話す
⑥ **magaling**：上手である、**sumayaw**【基】：踊る

# 15. 必要だ

① 要ります。 **Kailangan ko.**
カイラーガン コ

要りません。 **Hindi ko kailangan.**
ヒンディ コ カイラーガン

② 何が必要ですか？ **Ano ang kailangan mo?**
アノ アン カイラーガン モ

スプーンが必要です。 **Kailangan ko ng kutsara.**
カイラーガン コ ナン クチャーラ

③ 何か必要な物〔事〕がありますか？ **May kailangan ka ba?**
マイ カイラーガン カ バ

あなたにお願いがあります。 **May kailangan ako sa iyo.**
マイ カイラーガン アコ サ イヨ

あなた（の助け）が必要です。 **Kailangan kita.**
カイラーガン キタ

④ 私は何をすべきですか？ **Ano ang dapat kong gawin?**
アノ アン ダーパット コン ガウィン

⑤ 私は何をする必要がありますか？ **Ano ang kailangan kong gawin?**
アノ アン カイラーガン コン ガウィン

⑥ 私は毎日、タガログ語を練習しなくてはいけません。

**Kailangan kong magsanay ng**
カイラーガン　コン　マグサナイ　ナン

**Tagalog　araw–araw.**
タガーロッグ　アーラウ　アーラウ

---

★　語句の解説　★

① **kailangan**：必要だ、〜しなくてはいけない
② **kutsara**：スプーン
③ **may kailangan**：必要な物・事がある〔何かをお願いしたいとき、また何かしてほしいのかを尋ねるときによく使われます〕
④ **dapat**：〜すべき、**gawin**【基】：する
⑥ **magsanay**【基】：練習する、**araw–araw**：毎日

# 16. 〜したい

① あなたはここで何をしたいのですか？

**Ano ang gusto mong gawin dito?**
アノ アン グスト モン ガウィン ディート

私は靴を買いたいです。

**Gusto kong bumili ng sapatos.**
グスト コン ブミリ ナン サパートス

② 子供たちはバスケットボールをしたがっています。

**Gustong maglaro ng mga bata ng basketball.**
グストン マグラロ ナン マガ バータ ナン バスケットボール

③ どこで食べたいですか？

**Saan mo ba gustong kumain?**
サアン モ バ グストン クマイン

私はおいしいレストランで食べたいです。

**Gusto kong kumain sa isang masarap na restawran.**
グスト コン クマーイン サ イサン マサラップ ナ レスタゥラン

どこでも。

**Kahit saan.**
カーヒット サアン

④ 誰と話したいのですか？

**Sino ang gusto mong makausap?**
シィーノ アン グスト モン マカウーサップ

⑤ ちょっと聞きたいのですが。

**Gusto ko lang magtanong.**
グスト コ ラン マグタノン

⑥ 私はいつ彼女が来るのか知りたいです。

**Gusto〔Nais〕kong malaman kung**
グスト〔ナイス〕コン　マラーマン　クン
**kailan siya darating.**
カイラン　シャ　ダラティン

⑦ 私はタバコを吸いたくありません。

**Ayaw kong manigarilyo.**
アーヤウ　コン　マニガリーリョ

⑧ 何を言いたいのですか？（どういう意味ですか？）

**Ano ang ibig mong sabihin?**
アノ　アン　イービッグ　モン　サビーヒン

---

★ 語句の解説 ★

① **gusto**：〜したい、**bumili**【基】：買う、**sapatos**：靴
② **maglaro**【基】：（運動・ゲームなどを）する、遊ぶ
③ **kumain**【基】：食べる、**masarap**：おいしい、**restawran**：レストラン
④ **makausap**【基】：（〜と）話す
⑤ **magtanong**【基】：たずねる、質問する
⑥ **nais**：〜したい〔文語的〕、**malaman**【基】：（〜を）知る、**kung**：疑問文をつなげる接続詞、**darating**【未】：やって来る〈dumating ドゥマティン〉
⑦ **ayaw**：〜したくない〔ayaw ko の発音は［アーヨーコ］と発音されることが多々あります〕、**manigarilyo**【基】：タバコを吸う
⑧ **ibig**：〜したい、**sabihin**【基】：（〜を）言う

# 17. 好き、嫌い

① 私はフィリピンが好きです。
**Gusto ko sa Pilipinas.**
グスト コ サ ピリピーナス

② 私はハロハロが大好きです。
**Gustong-gusto ko ng halo-halo.**
グストン グスト コ ナン ハロ ハロ

③ 私はゴキブリが嫌いです。
**Ayaw ko ng ipis.**
アーヤウ コ ナン イービス

④ 私の好きな料理はアドボです。
**Ang paborito kong pagkain ay adobo.**
アン パブリート コン パッグカーイン アイ アドボ

⑤ 私は本を読むのが好きです。
**Mahilig akong magbasa ng libro.**
マヒーリッグ アコン マグバサ ナン リブロ

私はお酒を飲むのが好きではありません。
**Hindi ako mahilig uminom ng alak.**
ヒンディ アコ マヒーリッグ ウミノム ナン アラック

⑥ 私は彼女が嫌いです。
**Ayaw ko siya.**
アーヤウ コ シャ

| | | |
|---|---|---|
| 私は彼女が好きではありません。 | **Hindi ko siya gusto.** | ヒン**ディ** コ シャ グス**ト** |
| ⑦ 彼には（生理的に）嫌気がします。 | **Nandidiri ako sa kanya.** | ナンディ**ディ**ーリ ア**コ** サ カニャ |

### ひとことメモ　halo–halo (ハロ　ハロ)

「ハロハロ」は、ゼリー、豆類、ジャックフルーツやバナナ、レチェ・フラン（フィリピン風プリン）、紫芋（**ube**）のアイスクリームなどのトッピングにコンデンスミルクをかけたカキ氷で、全てをごちゃ混ぜにして食べる、フィリピンを代表するデザートです。

"halo–halo" とは、フィリピン語で「いろいろなものが混ざ合わさっている」状態を表す言葉で、この言葉はいろいろな外国文化を受容して形成されたフィリピン文化を形容する際にもよく使われます。

---

### ★　語句の解説　★

① **gusto**：好きである
③ **ayaw**：嫌いである、**ipis**：ゴキブリ
④ **paborito**：好きな物・人、**pagkain**：食べ物、料理、**adobo**：アドボ〔フィリピンの肉の煮物料理。酢のきいた、しょう油ベースの煮込み〕
⑤ **mahilig**：好きである、**magbasa**【基】：読む、**libro**：本、**uminom**【基】：飲む、**alak**：お酒
⑦ **nandidiri**【継】：（生理的に）嫌いである、ぞっとするくらい嫌い〈mandiri マンディーリ〉

# 18. お願いする、許可を求める

① 教えてください。　　**Turuan　ninyo ako.**
　　　　　　　　　　　トゥルーアン　ニニョ　アコ

② 手伝ってください。　**Tulungan ninyo ako.**
　（助けてください。）トゥルーガン　ニニョ　アコ

③ お願いします。　　　**Pakisuyo lang po.**
　　　　　　　　　　　パキスーヨ　ラン　ポ

　お願いしてもいいです　**Puwede ho bang makisuyo?**
　か？　　　　　　　　プウェデ　ホ　バン　マキスーヨ

④ （私に）貸してください。**Pahiram ako.**
　　　　　　　　　　　パヒラム　アコ

　書くものを貸してくだ　**Pahiram ng pansulat.**
　さい。　　　　　　　パヒラム　ナン　パンスーラット

⑤ ください。ちょうだい。**Pahingi.**
　　　　　　　　　　　パヒギ

　領収書をください。　　**Pahingi ng resibo.**
　　　　　　　　　　　パヒギ　ナン　レシーボ

⑥ それを見せてください。**Patingin po niyan.**
　　　　　　　　　　　パティギン　ポ　ニヤン

⑦ よく聞こえませんでした。　　Hindi ko kayo narinig.
　　　　　　　　　　　　　　ヒンディ コ カヨ ナリニッグ

　もう一度お願いします。　　Pakiulit naman po.
　　　　　　　　　　　　　　パキウリット ナマン ポッ

⑧ もう少し大きな声で話してください。　Pakilakasan ang boses mo nang
　　　　　　　　　　　　　　パキラカサン アン ボセス モ ナン
　　　　　　　　　　　　　　kaunti.
　　　　　　　　　　　　　　コンティ

⑨ 通してください。　　Makikiraan po.
　　　　　　　　　　　マキキラアン ポッ

⑩ 急いでいるので、早くしてください。　Nagmamadali ako, pakibilisan.
　　　　　　　　　　　　　　ナグママダリ アコ パキビリサン

⑪ 聞いてもいいですか？　　Puwedeng magtanong?
　　　　　　　　　　　　　プウェデン マグタノン

⑫ これを使ってもいいですか？　Puwedeng gamitin ito?
　　　　　　　　　　　　　　プウェデン ガミーティン イト

⑬ お邪魔してもいいですか？　Puwedeng mang-istorbo sa iyo?
　　　　　　　　　　　　　　プウェデン マンイストルボ サ イヨ

2章　日常生活で使えるフレーズ

★　語句の解説　★

① **turuan**【基】：(〜に) 教える
② **tulungan**【基】：(〜を) 助ける
③ **pakisuyo**：お願いします、**makisuyo**【基】：お願いする
④ **pahiram**：貸してください、**pansulat**：書くもの
⑤ **pahingi**：〜をください、ちょうだい、**resibo**：領収書
⑥ **patingin**：見せて
⑦ **narinig**【完】：聞こえた〈marinig マリニッグ〉、**pakiulit**：繰り返してください、もう一度お願いします
⑧ **pakilakasan**：大きくしてください、**boses**：声、**nang kaunti**：少し
⑨ **makikiraan**【未】：通してください〈makiraan マキラアン〉
⑩ **nagmamadali**【継】：急いでいる〈magmadali マグマダリ〉、**pakibilisan**：早くしてください
⑪ **magtanong**【基】：たずねる、質問する
⑫ **gamitin**【基】：(〜を) 使う
⑬ **mang–istorbo**【基】：邪魔をする

# 19. 初対面のとき

① あなたはクルーズさんですか？ **Kayo po ba si Mr. Cruz?**
カヨ ポ バ シィ ミスター クルーズ

はい。私はクルーズです。 **Opo. Ako po si Cruz.**
オポ アコ ポ シィ クルーズ

② あの人は誰ですか？ **Sino iyon?**
シィノ イヨン

③ あなたのお名前は？ **Ano ang pangalan ninyo?**
アノ アン パガラン ニニョ

私はフランシスです。 **Ako po si Francis.**
アコ ポ シィ フランシス

④ アンドレさんを知っていますか？ **Kilala mo ba si Andre?**
キララ モ バ シィ アンドレ

はい。彼を知っています。 **Oo. Kilala ko.**
オオ キララ コ

彼を知りません。 **Hindi ko siya kilala.**
ヒンディ コ シャ キララ

2章 日常生活で使えるフレーズ

⑤ リタさんを紹介します。　**Ipapakilala ko si Lita.**
　　　　　　　　　　　　　イパパキラ**ラ**　コ　シィ　**リ**タ

あなたを友だちに紹介　**Ipapakilala kita sa kaibigan ko.**
します。　　　　　　　イパパキラ**ラ**　キ**タ**　サ　カイ**ビ**ーガン　コ

⑥ あなたに会えてうれし　**Ikinagagalak kitang makilala.**
　いです。　　　　　　　イキナ**ガ**ガラック　キタン　マキ**ラ**ーラ

★　語句の解説　★

② **sino**：誰ですか
③ **ano**：何ですか、**pangalan**：名前
④ **kilala**：（人を）知っている
⑤ **ipapakilala**【未】：（〜を）紹介する〈ipakilala イパキ**ラ**ーラ〉、
　**kaibigan**：友だち
⑥ **ikinagagalak**【継】：（〜して、〜の理由で）うれしい〈ikagalak イカ**ガ**ラック〉、**makilala**【基】：知り合いになる

55

# 20. 自己紹介

① どこに住んでいますか？

**Saan ka nakatira?**
サアン カ ナカティラ

パサイ市に住んでいます。

**Sa Pasay ako nakatira.**
サ パサイ アコ ナカティラ

② どこの出身ですか？

**Taga saan ba kayo?**
タガ サアン バ カヨ

私は東京出身です。

**Taga Tokyo po ako.**
タガ トウキョウ ポ アコ

③ 東京では何をしていますか？

**Anong ginagawa mo sa Tokyo?**
アノン ギナガワ モ サ トウキョウ

④ 私は（東京で）働いています。

**Nagtatrabaho ako sa Tokyo.**
ナグタトラバーホ アコ サ トウキョウ

大学で勉強しています。

**Nag-aaral po ako sa pamantasan.**
ナグアアラル ポ アコ サ パマンターサン

⑤ あなたの仕事は何ですか？

**Ano ang trabaho mo?**
アノ アン トラバーホ モ

⑥ 私は学生です。

**Estudyante ako.**
エストジャンテ アコ

2章　日常生活で使えるフレーズ

⑦ 何歳ですか？　　　　　**Ilang taon ka na ba?**
　　　　　　　　　　　　イラン　タオン　カ　ナ　バ

　私は20歳です。　　　　**Dalawampung taon ako.**
　　　　　　　　　　　　ダラワンプン　　タオン　アコ

⑧ 何人兄弟ですか？　　　**Ilan ba kayong magkapatid?**
　　　　　　　　　　　　イラン　バ　カヨン　マグカパティッド

　（自分を含め）3人で　　**Tatlo kami.**
　す。　　　　　　　　　タトゥロ　カミ

⑨ 一番年上ですか？　　　**Panganay ka ba?**
　　　　　　　　　　　　パガナイ　　カ　バ

　一番年下です。　　　　**Bunso ako.**
　　　　　　　　　　　　ブンソ　アコ

---

### ★　語句の解説　★

② **taga saan**：どこの出身、**taga**＋〜（場所）：〜（場所）出身
③ **ginagawa**【継】：（〜を）している〈gawin ガウィン〉
④ **nagtatrabaho**【継】：仕事をしている〈magtrabaho マグトラバーホ〉、
　**nag-aaral**【継】：勉強している〈mag-aral マグアラル〉、
　**pamantasan**：大学
⑤ **ano**：何、**trabaho**：仕事
⑥ **estudyante**：学生
⑦ **ilang taon**：何歳、**dalawampu**：20
⑧ **ilan**：いくつ、何人、**magkapatid**：兄弟、**tatlo**：3
⑨ **panganay**：長子、**bunso**：末っ子

# 21. 天気について

① フィリピンの今の季節は何ですか？  
**Ano ang panahon ngayon sa Pilipinas?**  
アノ アン パナホン ガヨン サ ピリピーナス

② 今の季節は夏です。  
**Tag–init ang panahon ngayon.**  
タグイニット アン パナホン ガヨン

③ 今日はいい日よりですね。  
**Maganda ang araw ngayon.**  
マガンダ アン アーラウ ガヨン

④ ここはとても暑いですね！  
**Napakainit naman dito!**  
ナーパカイーニット ナマン ディート

⑤ 汗をかきました。  
**Pinapawisan ako.**  
ピナパウィサン アコ

⑥ 私は寒いです。  
**Nilalamig ako.**  
ニララミッグ アコ

⑦ あとで雨が降りそうです。  
**Mukhang uulan mamaya.**  
ムクハン ウウラン マーマヤッ

⑧ 小雨が降っています。  
**Umaambon na.**  
ウマアンボン ナ

2章 日常生活で使えるフレーズ

⑨ 雨に降られました。　　　**Inabutan na ako ng ulan.**
　　　　　　　　　　　　　イナブータン　ナ　アコ　ナン　ウラン

⑩ 台風が来ます。　　　　　**Darating ang bagyo.**
　　　　　　　　　　　　　ダラティン　アン　バギョ

⑪ 風が強いです。　　　　　**Malakas ang hangin.**
　　　　　　　　　　　　　マラカス　アン　ハーギン

⑫ 道が冠水しています。　　**May baha sa kalye. /**
　　　　　　　　　　　　　マイ　バハ　サ　カリエ
　　　　　　　　　　　　　**Bumabaha sa kalye.**
　　　　　　　　　　　　　ブマバハ　サ　カリエ

---

★　語句の解説　★

① **panahon**：季節、時期、**ngayon**：今、今日、**Pilipinas**：フィリピン
② **tag–init**：夏
③ **maganda**：良い、**araw**：日、日和
④ **napakainit**：とても暑い、**naman**：語調を和らげる小辞
⑤ **pinapawisan**【継】：汗をかいている〈pawisan パウィサン〉
⑥ **nilalamig**【継】：寒いと感じている、寒い〈lamigin ラミギン〉
⑦ **mukhang**：～しそうだ、**uulan**【未】：雨が降る〈umulan ウムラン〉、**mamaya**：あとで
⑧ **umaambon**【継】：小雨が降っている〈umambon ウマンボン〉
⑨ **inabutan**【継】：遭った〈abutan アブータン〉、**ulan**：雨
⑩ **darating**【未】：やって来る〈dumating〉、**bagyo**：台風
⑪ **malakas**：強い、**hangin**：風
⑫ **may baha**：冠水・洪水している、**kalye**：道、通り、**bumabaha**【継】：冠水・洪水している〈bumaha ブマハ〉

# 22. 朝起きて

① 起きなさい！　　　　**Gumising ka na!**
　　　　　　　　　　　グミシィン　カ　ナ
　今何時だと思ってるの！　**Anong oras na!**
　　　　　　　　　　　アノン　オーラス　ナ

② まだ眠いです。　　　**Inaantok pa ako.**
　　　　　　　　　　　イナアントック　パ　アコ

③ 起き上がるのが辛いです。　**Mahirap bumangon.**
　　　　　　　　　　　マヒーラップ　ブマーゴン

④ 早く！　急いで！　　**Bilisan mo!**
　　　　　　　　　　　ビリサン　モ

⑤ ごはんを食べなさい。　**Kumain ka na.**
　　　　　　　　　　　クマイン　カ　ナ
　朝食を食べなさい。　**Mag-almusal〔Mag-agahan〕ka na.**
　　　　　　　　　　　マグアルムサル　〔マグアガハン〕　カ　ナ

⑥ コーヒーを飲みたいですか？　**Gusto mong magkape?**
　　　　　　　　　　　グスト　モン　マグカペ

⑦ ご飯を食べる前に顔を洗います。　**Maghihilamos ako bago kumain.**
　　　　　　　　　　　マグヒヒラーモス　アコ　バーゴ　クマイン

2章　日常生活で使えるフレーズ

⑧ 先にシャワーを浴びます。　**Maliligo muna ako.**
マリリーゴ　ムーナ　アコ

⑨ 着替えて。　**Magbihis ka na.**
マグビーヒス　カ　ナ

### ひとことメモ　フィリピンの朝

　フィリピンの朝は早く、人々は4～5時から動き出します。フィリピンでは、朝にシャワーを浴びる習慣があります。そして、濡れたままの髪で出勤、通学する人をよく見かけます。ただ、シャワーといっても、日本にあるようなバスルームやシャワールームが普及しているわけではありません。大きなバケツに水をため、その水を手桶などですくいながら水浴びをしている人もたくさんいます。

---

★　語句の解説　★

① **gumising**【基】：目を覚ます、起きる、**anong oras**：何時、**na**：「すでに」「もう」を表す小辞
② **inaantok**【継】：眠い〈antokin アントキン〉、**pa**：まだ
③ **mahirap**：辛い、難しい、**bumangon**【基】：起き上がる
④ **bilisan**【基】：急ぐ
⑤ **kumain**【基】：食べる、**mag-almusal** / **mag-agahan**【基】：朝食を食べる
⑥ **magkape**【基】：コーヒーを飲む
⑦ **maghihilamos**【未】：顔を洗う〈maghilamos マグヒラーモス〉、**bago**：～する前に
⑧ **maliligo**【未】：シャワーを浴びる、水浴びする〈maligo マリーゴ〉、**muna**：先に
⑨ **magbihis**【基】：着替える

# 23. 学校・仕事に行く

① 私たちは毎日、学校〔仕事〕があります。

**May pasok kami araw-araw.**
マイ パーソック カミ アーラウ アーラウ

② 明日は休みです。
（明日は学校・仕事がありません。）

**Walang pasok bukas.**
ワラン パーソック ブーカス

③ どこで働いているの？

**Saan ka nagtatrabaho?**
サアン カ ナグタトラバーホ

どこで学んでいるの？

**Saan ka nag-aaral?**
サアン カ ナグアアーラル

④ 学校で何を勉強しているの？

**Ano ang pinapag-aralan mo sa eskuwelahan?**
アノ アン ピナパグアラーラン モ サ エスクウェラハン

⑤ そこでのお給料はいくら？

**Magkano ang suweldo mo doon?**
マグカーノ アン スウェルド モ ドオン

⑥ 何時に学校〔会社〕に行くの？

**Anong oras ka ba papasok?**
アノン オーラス カ バ パパーソック

2章　日常生活で使えるフレーズ

⑦ あなたのオフィスは何時に終わるの？　　**Anong oras ba matatapos ang opisina mo?**
アノン　オーラス　バ　マタターポス　アン　オピシィーナ　モ

⑧ いつも、夜遅くになります。　　**Ginagabi ako palagi.**
ギナガビ　アコ　パラーギ

### ひとことメモ　フィリピンの教育

「300年以上のスペイン統治時代がフィリピンにキリスト教を残し、50年近くのアメリカ統治時代は教育を残した」とよく言われますが、フィリピンでの学校での授業は、基本的に英語で行われます。ですから、多くのフィリピン人は普通に英語を理解し、話すことができます。

フィリピンでは、日本でいう中学校というものがありません。6年間の小学校での義務教育（初等教育）が終わった後には、ハイスクール（4年制）に進学します（中等教育）。順調に進学していくと16〜17歳で大学に進学することになりますが（高等教育）、フィリピンでは、家庭の経済状況等により、初等・中等教育の段階でも一時休学して、また復学するような子供も多く、同じ年齢の子供が必ずしも同じペースで進級するとは限りません。

★　語句の解説　★

① **pasok**【語根】：登校すること、出勤すること、**araw–araw**：毎日
② **bukas**：明日
③ **saan**：どこ、**nagtatrabaho**【継】：働いている〈magtrabaho マグトラバーホ〉、**nag–aaral**【継】：勉強している〈mag-aral マグアーラル〉
④ **pinapag–aralan**【継】：〜を勉強している〈pag-aralan パグアラーラン〉、**eskuwelahan**：学校
⑤ **magkano**：いくら、**suweldo**：給料
⑥ **papasok**【未】：登校する、出勤する〈pumasok プマーソック〉
⑦ **matatapos**【未】：終わる〈mataposマターポス〉、**opisina**：オフィス、事務所
⑧ **ginagabi**【継】：夜遅くなる〈gabihin ガビヒン〉、**palagi**：いつも

## 24. 食事する

① お腹がすいた。　　　**Nagugutom na ako. /**
　　　　　　　　　　　ナググートム　ナ　アコ
　　　　　　　　　　　**Gutom na ako.**
　　　　　　　　　　　グトム　ナ　アコ

② もう食べましたか？　**Kumain ka na ba?**
　　　　　　　　　　　クマイン　カ　ナ　バ

③ 食事にしましょう。　**Kumain na tayo.**
　　　　　　　　　　　クマイン　ナ　ターヨ

④ のどが渇きました。　**Nauuhaw na ako.**
　　　　　　　　　　　ナウウハウ　ナ　アコ
　お水をちょうだい。　**Pahingi ng tubig.**
　　　　　　　　　　　パヒギ　ナン　トゥービッグ

⑤ 食べる時間です。　　**Kainan na.**
　　　　　　　　　　　カイナン　ナ

⑥ 先に手を洗って。　　**Maghugas ka muna ng kamay.**
　　　　　　　　　　　マグフーガス　カ　ムーナ　ナン　カマイ

⑦ 私たちのおかずは何？　**Ano ang ulam natin?**
　　　　　　　　　　　アノ　アン　ウラム　ナーティン

⑧ しょう油を取ってください。　**Pakiabot naman ang toyo.**
　　　　　　　　　　　パキアボット　ナマン　アン　トヨ

2章　日常生活で使えるフレーズ

⑨ お母さんの料理はおいしい。　**Masarap ang luto ng nanay.**
マサラップ　アン　ルート　ナン　ナーナイ

⑩ もっと食べて。　**Kumain ka pa.**
クマイン　カ　パ

　もっといる？　**Gusto mo pa?**
グスト　モ　パ

⑪ もうお腹いっぱいです。　**Busog na ako.**
ブソッグ　ナ　アコ

⑫ 全部食べてね。　**Ubusin ninyo lahat. /**
ウブーシン　ニニョ　ラハット

**Kainin ninyo lahat.**
カイニン　ニニョ　ラハット

---

★　語句の解説　★

① **nagugutom**【継】：お腹がすいている〈magutom マグートム〉、**gutom**：お腹がすく
② **kumain**【基】：食べる
④ **nauuhaw**【継】：のどが渇いている〈mauhaw マウハウ〉、**pahingi**：〜をください、〜をちょうだい、**tubig**：水
⑤ **kainan**：みんなで食べる時間・食べること
⑥ **maghugas**【基】：手や物を洗う、**muna**：先に、**kamay**：手
⑦ **ulam**：おかず
⑧ **pakiabot**：取ってください、**naman**：語調を和らげる小辞で、お願いをするときなどに使われる、**toyo**：しょう油
⑨ **masarap**：おいしい、**luto**：料理、**nanay**：母
⑩ **pa**：もっと
⑪ **busog**：お腹がいっぱい
⑫ **ubusin**【基】：（〜を）し尽くす、**lahat**：全部、すべて、**kainin**【基】：（〜を）食べる

## コラム：フィリピンの食文化

　フィリピン人は、人が訪ねて来たりすると必ず、**"Kumain ka na ba?**（食事は済んだ？）**"** と、お腹が空いていないか尋ねてきます。たとえお腹がいっぱいであったとしても、何かしら食べ物を勧めてきます。このように来客を"食べさせる"ことがフィリピン流のおもてなしで、祭りやお祝いのパーティーなど、人の集う場には多くの料理が振舞われます。出された食べ物を食べないことは失礼にあたるため、友人の家やパーティーに招待される機会が多くなるクリスマスシーズンは、立て続けに食べる日々が続き、太るのを気にする人にとっては苦悩の日々が続くのです。

　フィリピンの代表的なご馳走といえば、**lechon**（レチョン）と呼ばれる子豚の丸焼きです。他には、豚足を揚げた **crispy pata**（クリスピー　パタ）、皮付きの豚ばら肉を揚げた **lechon kawali**（レチョン　カワリ）などの豚料理があります。

　クリスマス・イブのご馳走（**Noche Buena**　ノチェ・ブエナ）には、**emputido**（エンプティードーフィリピン風ミートローフ）や **leche fran**（レチェ・フランーフィリピン風プリン）、誕生日には、麺の長さが長生きを表すことから、スパゲッティや **pansit**（パンシットー焼きそば）などの麺類を用意します。ただ、フィリピンのミートソース・スパゲティはバナナ・ケチャップを使うことから、甘い味つけになっています。

　また、パーティーでは、日本では普通、招待された人のみが参加しますが、フィリピンでは違います。多くの人に祝ってもらうこと、また、多くの人と共に幸せや喜びを分かち合うことが重視されることから、招待された本人が知人や家族などを連れて行っても大歓迎されます。大勢の人が集まったパーティーでは、必ずといっていいほど、ゲームが行われたり、ダンスや歌の出し物などが披露されたりします。子供から大人、老人に至るまで、皆がその場を盛り上げ、楽しい一時

を過ごすのです。

〈食事の作法〉

　現在はフォークとスプーンを使って食事をしますが、手を使って食べるのが、伝統的な食べ方です。手で食べることは失礼なことではなく、現在でも、料理によっては手で食べることがよくあります。
　おかずやごはんは、大皿に盛られてテーブルに出され、それを各自の皿に取って食べます。また、食事の際の飲み物は、水よりソフトドリンクのほうが好まれています。

## 25. 料理する

① 料理はできる？  **Marunong kang magluto?**
マルーノン　カン　マグルート

② 夕食に何を作ろうかしら？  **Ano kaya lulutuin ko para sa hapunan?**
アノ　カヤ　ルルトゥーイン コ　パーラ　サ　ハプーナン

③ 直火で焼いた豚肉が食べたい。  **Gusto kong kumain ng inihaw na baboy.**
グスト　コン　クマイン　ナン　イニーハウ　ナ　バーボイ

④ 魚を揚げて。  **Iprito ang isda.**
イプリート　アン　イスダ

⑤ ご飯を炊きます。  **Magsasaing ako.**
マグササーイン　アコ

⑥ 手伝おうか？  **Tutulungan ba kita?**
トゥトゥルーガン　バ　キタ

2章　日常生活で使えるフレーズ

⑦ ええ。肉を切るのを手伝って。

**Oo. Tulungan mo ako sa**
オオ　トゥルーガン　モ　アコ　サ

**paghihiwa ng karne.**
パグヒ**ヒ**ーワ　ナン　カル**ネ**

⑧ 味見して。

**Tikman mo.**
ティク**マン**　モ

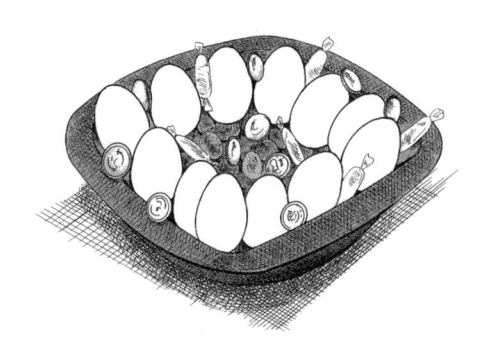

---

★　語句の解説　★

① **marunong**：〜ができる、**magluto**【基】：料理する
② **kaya**：〜かしら、**lulutuin**【未】：(〜を) 料理する、**para sa**：〜のために、**hapunan**：夕食
③ **gusto kong**〜：〜したい、**kumain**【基】：食べる、**inihaw**【完】：(〜を) 直火で焼く〈iihaw イイーハウ〉、**baboy**：豚、豚肉
④ **iprito**【基】：(〜を) 揚げる、**isda**：魚
⑤ **magsasaing**【未】：ご飯を炊く〈magsaing マグ**サ**ーイン〉
⑥ **tutulungan**【未】：(〜を) 助ける、手伝う〈tulungan トゥ**ル**ーガン〉
⑦ **paghihiwa**：切ること、**karne**：肉

# 26. おやつ

① おやつにしようよ。　**Magmiryenda tayo.**
　　　　　　　　　　　マグミリエンダ　ターヨ

② おやつは何？　**Ano ang miryenda natin?**
　　　　　　　　アノ　アン　ミリエンダ　ナーティン

③ 何か食べるもの持ってる？　**May baon ka ba?**
　　　　　　　　　　　　　　マイ　バーオン　カ　バ

④ コーヒーを飲もうよ。　**Magkape tayo.**
　　　　　　　　　　　　マグカペ　ターヨ

⑤ コーヒーを作ってよ。　**Pakitimpla naman ang kape.**
　　　　　　　　　　　　パキティンプラ　ナマン　アン　カペ

⑥ 私に少し取っておいてね。　**Tirahan mo ako nang kaunti.**
　　　　　　　　　　　　　　ティラーハン　モ　アコ　ナン　コンティ

⑦ これをあげるよ。　**Sa iyo na ito.**
　　　　　　　　　　サ　イヨ　ナ　イト

2章　日常生活で使えるフレーズ

⑧ スナック菓子を買おう
よ。

**Bumili〔Bili〕tayo ng chichirya.**
ブミリ　〔ビリ〕　ターヨ　ナン　チッチーリヤ

⑨ バナナキューをおごっ
てよ。

**Ilibre mo ako ng banana–Q.**
イリブレ　モ　アコ　ナン　バナナキュー

⑩ 露店〔屋台〕で食べよ
うよ。

**Kumain〔Kain〕tayo sa tabi–tabi.**
クマイン　〔カイン〕　ターヨ　サ　タビ　タビ

---

### ★　語句の解説　★

① **magmiryenda**【基】：おやつにする
② **miryenda**：おやつ、間食（＝merienda）
③ **baon**：お弁当やおやつなど、食べ物の備え
④ **magkape**：コーヒーを飲む
⑤ **pakitimpla**：（コーヒーの粉、砂糖、クリーマーなどを）混ぜてください、**kape**：コーヒー
⑥ **tirahan**【基】：〜に（物を）残す、取っておく、**nang kaunti**：少し
⑧ **bumili**【基】：買う〔勧誘・命令する場合はbili【語根】でも可〕、**chichirya**：（ポテトチップスなどの）スナック菓子
⑨ **ilibre**【基】：ただにする、おごる
⑩ **kumain**【基】：食べる〔勧誘・命令する場合はkain【語根】でも可〕、**tabi–tabi**：道端、（道端にある）露店や屋台など

## コラム：フィリピンの朝食メニュー、ストリート・フード

　フィリピンの定番の朝食メニューは、**sinangag**（シナガッグーガーリックライス）、**itlog**（卵）と肉のおかずです。主要な肉のおかずは、**tapa**（タパ）という薄片上の味つけされた牛肉、**tocino**（トチーノ）というオレンジ色で甘く味つけされた豚肉や**longganisa**（ロンガニーサ）というガーリックソーセージがあり、この3つのいずれかの肉料理と、焼飯と卵のコンビネーションを、
**tapsilog**　タプシログ（**tap**a ＋ **si**nangag ＋ it**log**）、
**tocsilog**　トクシログ（**toc**ino ＋ **si**nangag ＋ it**log**）、
**longsilog**　ロンシログ（**long**ganisa ＋ **si**nangag ＋ it**log**）
と呼びます。

　魚料理の定番は、**daing**（開き）（ダーイン）や**tuyo**（トゥヨッ）（燻製もしくは干物の魚）を油で揚げたものや酢漬けにした**Daing na bangus**（ダーイン　ナ　バグース）に、**kamatis**（カマーティス）（トマト）、**salted egg**（塩漬けされた卵）と**atsara**（アチャーラ）（酢漬けされたパパイヤの漬物）がついたものが多いです。干物魚は油で炒めると鼻につく強い臭いがするので、好き嫌いが分かれますが、酢（**suka**　スーカ）をつけて食べると魚の塩辛さが軽減され、癖になるおいしさです。

　上記以外には、炒めたコーンビーフ、**pan de sal**（パン・デ・サル）といった手の平サイズの丸い塩パンなども家庭の朝食によく出てくるメニューです。また、ご飯にしてもパンにしても、必ず朝食にはコーヒーがつくのがフィリピン流です。

　また、フィリピンの朝の定番の1つで忘れてならないのが、温かい豆腐（豆乳プリンに近い）にサゴ（タピオカのようなもの）をトッピングし、黒蜜をかけた**taho**（タホ）です。これは家庭で作るよりは買って食べるもので、朝から男性の売り子が"タホー"と声を上げながら売り歩いています。

　フィリピンには朝・昼・夕食の食事の合間に**miryenda**（**merienda**）という間食をとる習慣があります。こうしたミリエンダの習慣が定着したせいか、道端のスタンドや露店で簡単につまめる**pica–pica**と呼ばれるストリート・フードも発達しました。

2章　日常生活で使えるフレーズ

　ポピュラーなストリート・フードには、砂糖のついたバナナやさつま芋を揚げて串に刺したバナナキュー（**banana-Q / banana-que**）やカモテキュー（**kamote-Q / kamote-que**、これらの名は**BBQ**より来ています）、バナナの揚げ春巻きトゥロン（**turon**）、バゴオンをつけて食べるグリーンマンゴー（グリーンマンゴーはスライスされて串に刺さっています）、フィッシュ・ボールやキキアム（**kikiam**、鶏肉のすり身の揚げ物）、卵のてんぷらに似たトクネネン（**tokneneng**）の他、いろいろな種類のバーベキューがあります。フィリピンのバーベキューは、日本の焼き鳥のように串に刺さっています。バーベキュー・スタンドを覗くと、鶏肉や豚肉、タン、レバーやミノなどのほか、食材をムダなく使い、腸（**isaw**）、豚の皮や耳、鳥の心臓、足先やトサカなどの珍しい食材が並んでいます。中にはユニークな名前がついているものもあり、鳥の足先はそのマークと似ていることからアディダス（**addidas**）と呼ばれ、豚の血を固めたものはその形からベータマックス（**betamax**、ベータのビデオテープ）、鳥の頭はヘルメット（**helmet**）などの名がついています。

　このようなストリート・フードのスタンドは、学校や仕事が終わる夕方にかけて、人の往来が激しくなる場所に出現します。特に、日が暮れた頃からはバロット（**balot**）売りが登場します。バロットとは、外見はゆで卵に似ていますが、孵化する直前のアヒルが入っています。なお、孵化する直前のアヒルが入っていない普通のゆで卵はペノイ（**penoy**）と呼ばれています。

　その他、家庭で作られるミリエンダには、焼きそば（**pansit**　パンシット）、ミートパイ（**ensaymada**　エンサイマーダ）、生姜の入ったフィリピン風お粥（**aroskaldo**　アロスカルド）があります。変わったものではディヌグアン（**dinuguan**）といった、豚の血で作られた黒いシチューなどもあります。

　また、伝統的な米で作られたお菓子（**kakanin**　カカニン）には、**kutsinta** クッチンタ、**sapin-sapin** サピン　サピン、**palitaw** パリータワ、**biko** ビーコ、**suman** スーマン、**bibingka** ビビンカ、**pitsi-pitsi** ピチ　ピチなどがあります。

# 27. 寝るとき

① もう眠いです。  **Inaantok na ako.**
イナアントック ナ アコ

② 今日は疲れました。  **Pagod na ako ngayon.**
パゴッド ナ アコ ガヨン

③ もう寝ます。  **Matutulog na ako.**
マトゥトゥーロッグ ナ アコ

④ 歯をみがいた？  **Nagsipilyo ka na ba?**
ナグシィピリョ カ ナ バ

⑤ 寝る前に電気を消してください。  **Pakipatay ang ilaw bago ka matulog.**
パキパタイ アン イーラウ バーゴ カ マトゥーロッグ

⑥ ドアを閉めてください。  **Pakisara ang pinto.**
パキサラ アン ピント

⑦ 扇風機をつけて。  **Buksan mo ang bentilador.**
ブクサン モ アン ベンティラドール

2章　日常生活で使えるフレーズ

★　語句の解説　★

① **inaantok**【継】：眠い、眠くなる〈antokin アント**キン**〉、**na**：すでに
② **pagod**【語根】：疲れる、**ngayon**：今日
③ **matutulog**【未】：寝る〈matulog マ**トゥ**ーロッグ〉
④ **nagsipilyo**【完】：歯ブラシをした、歯をみがいた〈magsipilyo マグシ**ピ**リョ〉
⑤ **pakipatay**：消してください、**ilaw**：明かり、**bago**：〜する前に
⑥ **pakisara**：閉めてください、**pinto**：ドア、戸
⑦ **buksan**【基】：(〜電気などを) つける、**bentilador**〔スペイン語〕：扇風機

# 28. 電話の応対

① 電話に出てください。　**Pakisagot naman ang telepono.**
パキサゴット　ナマン　アン　テレポノ

② チェリーさんはいらっしゃいますか？　**Nandyan na po ba si Cherry?**
ナンジャン　ナ　ポ　バ　シィ　**チェリー**

③ アルビンさんと話せますか？　**Puwede bang makausap si Alvin?**
プ**ウェ**デ　バン　マカ**ウー**サップ　シィ　**ア**ルビン

④ どなたですか？　**Sino po sila?**
シィノ　ポ　シ**ラ**

⑤ ちょっと待ってください。　**Sandali lang po.**
サン**ダ**リ　ラン　ポッ

⑥ 今、出かけたばかりです。　**Kaaalis lang niya.**
カア**ア**リス　ラン　ニャ

⑦ いつ戻りますか？　**Anong oras siya babalik?**
ア**ノ**ン　**オ**ーラス　シヤ　ババ**リ**ック

⑧ 私から電話があった旨、彼に伝えてください。　**Pakisabi naman sa kanya na tumawag ako.**
パキ**サー**ビ　ナマン　サ　カ**ニャ**　ナ　トゥ**マー**ワッグ　**ア**コ

2章 日常生活で使えるフレーズ

⑨ 他の電話に出ています。　**Nasa kabilang linya po siya.**
ナーサ　カビラン　リーニャ　ポ　シャ

⑩ 大きい声で話してください。　**Pakilakasan ang boses ninyo.**
パキラカサン　アン　ボーセス　ニニョ

⑪ また電話します。　**Tatawag ako ulit.**
タターワッグ　アコ　ウリット

⑫ あなたの電話番号をひかえます。　**Kukunin ko ang number ninyo.**
ククーニン　コ　アン　ナンベル　ニニョ

⑬ 彼にメッセージを残しますか？　**Gusto ninyong mag–iwan ng bilin**
グスト　ニニョン　マグイーワン　ナン　ビーリン
**sa kanya?**
サ　カニャ

---

★ 語句の解説 ★

① **pakisagot**：（電話に）出てください、**telepono**：電話
② **nandyan**：そこにいる
③ **puwede**：～できる、**makausap**【基】：（～と）話す
⑤ **sandali lang**：ちょっと待って
⑥ **kaaalis**：去ったばかり
⑦ **babalik**【未】：戻る〈bumalik ブマリック〉
⑧ **pakisabi**：言ってください、**na**：文章をつなげる小辞、**tumawag**【完】：電話をした〈tumawag トゥマーワッグ〉
⑨ **kabila**：もう一方の、**linya**：電話のライン
⑪ **tatawag**【未】：電話する〈tumawag トゥマーワッグ〉、**ulit**：また
⑫ **kukunin**【未】：（～を）手に入れる〈kunin クーニン〉、**number**：番号〔発音に注意〕
⑬ **mag–iwan**【基】：残す、**bilin**：メッセージ、伝言

# 29. 携帯電話

① ロードはある？　　　　**May load ka ba?**
　　　　　　　　　　　　マイ　ロード　カ　バ

② パサロードして。　　　**Pasaload mo naman ako.**
　（ロードを私にちょう　パサロード　モ　ナマン　アコ
　　だい。）

③ 後であなたにメールし　**Itext kita mamaya.**
　　ます。　　　　　　　イテクスト　キタ　ママヤ

④ ここは電波がありませ　**Walang signal dito.**
　　ん。　　　　　　　　ワラン　シグナル　ディート

　　ここは電波が弱いです。**Mahina ang signal dito.**
　　　　　　　　　　　　マヒーナ　アン　シグナル　ディート

⑤ 電話に出ません。　　　**Ayaw sumagot.**
　　　　　　　　　　　　アーヤウ　スマゴット

⑥ 彼は電話中です。　　　**Bisi ang linya niya.**
　　　　　　　　　　　　ビージー　アン　リーニャ　ニャ

⑦ ダンに連絡がとれませ　**Hindi ko makontak si Dan.**
　　ん。　　　　　　　　ヒンディ　コ　マコンタック　シィ　ダン

2章　日常生活で使えるフレーズ

### ひとことメモ　フィリピンの携帯電話事情

　フィリピンでも携帯電話の普及率は高く、また、どのメーカーの、どの機種を持つかが、一種のステータス・シンボルになっていることがあります。また最近では、携帯電話は一番狙われやすいアイテムになってもいます。

　フィリピンの多くの携帯電話はプリペイドカード方式です。プリ・ペイドカードや **e-load**（店頭で購入者の携帯にロードを送信する方法で、少額なロードも購入可能）などで、自分の経済・使用状況に応じてロードを購入することができます。また、お互いにロードをやりとり（**pasaload**）することもできます。

　テキストメールでは、字数や文字を打つ手間を少なくするために、若者中心にテキスト特有の「省略言葉」が多く使われています。

　例えば、**mayroon→meron**、**ako→me**、**ka / you→u**、**kumusta→kmsta**、**dyan→jan**、**ito→i2**、**si→c**、**thank you→ty**、**see you→cu**、**wait→w8** などです。

　たいてい英語とフィリピン語、または数字が混ぜこぜになっています。こうした言葉の省略は若者の間でどんどん進んでいます。

---

★　語句の解説　★

① **load**：ロード〔プリペイドカードでチャージした通話・テキストメール可能な容量・金額のこと〕
② **pasaload**：パサロード。ロードを渡す・送ること〔pasa（＝pass）+ load の造語〕
③ **itext**：テキストメール
④ **signal**：（携帯の）電波、**mahina**：弱い
⑥ **bisi**：忙しい
⑦ **makontak**【基】：（〜に）連絡をとる

# 30. 家を訪問する

① こんにちは。／ごめんください。
**Tao po.**
タオ ポッ

② ジョアンナさんはいますか？
**Nandyan na po si Joanna?**
ナンジャン ナ ポ シィ ジョアンナ

③ 彼女はここにいます。
**Nandito siya.**
ナンディート シャ

彼女はここにはいません。
**Wala siya rito.**
ワラ シャ リート

④ どなたですか？
**Sino po sila?**
シィノ ポ シィラ

⑤ どうぞ。／お入りください。
**Tuloy po kayo.**
トゥロイ ポ カヨ

⑥ お座りください。
**Maupo kayo.**
マウポ カヨ

2章　日常生活で使えるフレーズ

⑦ ここで待っていてください。　**Pakihintay lang po dito.**
パキヒン**タイ**　ラン　ポ　ディート

彼女を呼んできます。　**Tatawagin ko siya.**
タタ**ワ**ーギン　コ　シャ

★　語句の解説　★

② **nandyan**：そこにいる
③ **nandito**：ここにいる、**wala rito**：ここにいない
⑤ **tuloy**【語根】：中に入る
⑥ **maupo**【基】：座る
⑦ **pakihintay**：お待ちください、**tatawagin**【未】：（〜を）呼ぶ〈tawagin タワーギン〉

# 31. 誘う

① 明日、ひま？

**Libre ka ba bukas?**
リブレ カ バ ブーカス

② 今、何してるの？

**Anong ginagawa mo ngayon?**
アノン ギナガワ モ ガヨン

③ 夜、遊びに行こうよ！

**Gimik tayo!**
ギミック ターヨ

④ みんなで飲もうよ！

**Mag-inuman tayo!**
マグ イヌーマン ターヨ

⑤ よかったら、あとで出かけない？

**Kung gusto mo, lalabas tayo**
クン グスト モ ララバス ターヨ
**mamaya?**
ママヤッ

⑥ 何もすることがないのなら、映画を観に行こうよ。

**Pag wala kang ginagawa, manood**
パグ ワラ カン ギナガワ マノオッド
**tayo ng sine.**
ターヨ ナン シネ

2章 日常生活で使えるフレーズ

⑦ ジョアンにディスコに誘われたのですが、一緒に行きますか？
**Niyaya ako ni Joan sa disco, sasama ka?**
ニヤーヤ アコ ニ ジョアン サ ディスコ ササーマ カ

⑧ 誰が一緒なの？
**Sino ang kasama?**
シィーノ アン カサーマ

⑨ 私も一緒に行く！
**Sasama ako!**
ササーマ アコ

⑩ 一緒に行こう。
**Sabay tayo pumunta.**
サバイ ターヨ プムンタ

⑪ これは僕のおごりね。
**Sagot ko ito.**
サゴット コ イト

これはあなたのおごり？
**Sagot mo ba ito?**
サゴット モ バ イト

⑫ おごってくれるの？
**Ililibre mo ako?**
イリリブレ モ アコ

⑬ 割り勘にしようね。
**KKB na lang tayo.**
ケイケイビー ナ ラン ターヨ

83

## ★ 語句の解説 ★

① **libre**：何も用事のない、自由な、無料の、**bukas**：明日
② **ginagawa**【継】：(〜を)している〈gawin ガウィン〉
③ **gimik**：夜遊びをする
④ **mag–inuman**【基】：大勢で飲む、飲み会をする
⑤ **kung gusto mo**：よかったら、**lalabas**【未】：外出する〈lumabas ルマバス〉
⑥ **pag**：もし、**manood**【基】：(テレビ・映画などを)観る、**sine**：映画
⑦ **niyaya**【完】：誘われた〈yayain ヤヤーイン〉、**sasama**【未】：一緒に行く〈sumama スマーマ〉
⑧ **kasama**：連れ、同伴者
⑩ **sabay**：一緒に〜する
⑪ **sagot**：おごり
⑫ **ililibre**【未】：おごる、無料にする〈ilibre イリブレ〉
⑬ **KKB**(**kanya kanyang bayad**)：自分のものは自分で払うこと、割り勘

## 32. 誘いを断る

① すみませんが、今日はあなたたちと一緒に行けません。
**Pasensya na at hindi ako makakasama sa inyo ngayon.**
パセンシャ ナ アット ヒンディ アコ マカカサーマ サ イニョ ガヨン

② 今夜は用事があります。
**May lakad ako mamayang gabi.**
マイ ラカッド アコ ママヤン ガビ

③ 今日は都合が悪いです。
**Hindi ako puwede ngayon.**
ヒンディ アコ プウェデ ガヨン

④ 私には行くところがあります。
**May pupuntahan ako.**
マイ ププンターハン アコ

⑤ 具合がよくありません。
**Hindi maganda ang pakiramdam ko.**
ヒンディ マガンダ アン パキラムダム コ

⑥ 母親の許しがもらえませんでした。
**Hindi ako pinayagan ng nanay.**
ヒンディ アコ ピナヤーガン ナン ナーナイ

⑦ 次回にしましょう。
**Sa susunod na lang tayo.**
サ ススノッド ナ ラン ターヨ

⑧ 明日は学校〔仕事〕が　　**May pasok ako bukas.** /
　　あります。　　　　　　　マイ　パーソック　アコ　ブーカス

　　　　　　　　　　　　　　**Papasok ako bukas.**
　　　　　　　　　　　　　　パパーソック　アコ　ブーカス

⑨ 仕事が忙しいです。　　　**Bisi ako sa trabaho.**
　　　　　　　　　　　　　　ビージー　アコ　サ　トラバーホ

⑩ 休息したいです。　　　　**Gusto kong magpahinga.**
　　　　　　　　　　　　　　グスト　コン　マグパヒガ

---

### ★　語句の解説　★

① **Pasensya na at**：すみませんが、**makakasama**【未】：一緒に行くことができる〈makasama マカサーマ〉
② **may lakad**：用事がある、**mamayang gabi**：今晩
③ **puwede**：大丈夫、可能な
④ **may pupuntahan**：行くところがある、**pupuntahan**【未】：(〜に) 行く〈puntahan プンタハン〉
⑤ **maganda**：良い、**pakiramdam**：具合、体調
⑥ **pinayagan**【完】：許されなかった〈payagan パヤーガン〉
⑦ **sa susunod**：次回、今度
⑨ **bisi**：忙しい、**trabaho**：仕事
⑩ **gusto kong〜**：〜したい、**magpahinga**【基】：休息する、休む

## 33. 待ち合わせ

① 何時に会いますか？  **Anong oras ba tayo magkikita?**
アノン オーラス バ ターヨ マグキキータ

② どこで会いますか？  **Saan ba tayo magkikita?**
サアン バ ターヨ マグキキータ

③ クリスは、まだ来ていません。  **Wala pa si Chris.**
ワラ パ シィ クリス

④ さっきから待っています。  **Kanina pa ako naghihintay.**
カニーナ パ アコ ナグヒヒンタイ

⑤ 遅いよ！  **Ang tagal naman!**
アン タガル ナマン

⑥ ごめん、渋滞で遅れました。  **Sori, na-late na ako dahil sa trapik.**
ソーリー ナレイト ナ アコ ダーヒル サ トラピック

⑦ もう少しで着きます。  **Malapit na ako diyan.**
マラーピット ナ アコ ジャン

⑧ そちらに向かっています。　　**Papunta na ako diyan.**
　　　　　　　　　　　　　　パプンタ　ナ　アコ　ジャン

⑨ 着いたら電話して。　　　　**Tawagan mo ako pagdating mo.**
　　　　　　　　　　　　　　タワーガン　モ　アコ　パグダティン　モ

⑩ 近くに来たら、メールして。　**Pag malapit ka na, itext mo ako.**
　　　　　　　　　　　　　　パグ　マラーピット　カ　ナ　イテクスト　モ　アコ

---

★　語句の解説　★

① **magkikita**【未】：会う〈magkita マグキータ〉
③ **wala pa**：まだいない
④ **kanina pa**：さっきから、**naghihintay**【継】：待っている〈maghintay マグヒンタイ〉
⑤ **tagal**【語根】：時間のかかる、遅い
⑥ **na‒late**【完】：遅れた〈ma‒late マレイト〔英語の混用〕〉、**dahil sa**：～のせいで、**trapik**：渋滞
⑦ **malapit**：近い
⑧ **papunta**：向かっている
⑨ **tawagan**【基】：（～に）電話する、**pagdating**：着いたら
⑩ **pag**：～したら、もし～なら、**itext**：携帯メールをする

## 34. 体調

① 私は具合が悪いです。　　**Masama ang pakiramdam ko.**
　　　　　　　　　　　　　マサマ　アン　パキラムダム　コ

② 私は病気になりました。　**Nagkasakit ako.**
　　　　　　　　　　　　　ナグカサキット　アコ

　　私は病気です。　　　　**May sakit ako.**
　　　　　　　　　　　　　マイ　サキット　アコ

③ 食欲がありません。　　　**Wala akong ganang kumain.**
　　　　　　　　　　　　　ワラ　アコン　ガナン　クマイン

④ 熱があります。　　　　　**May lagnat ako.** /
　　　　　　　　　　　　　マイ　ラグナット　アコ

　　　　　　　　　　　　　**Nilalagnat ako.**
　　　　　　　　　　　　　ニララグナット　アコ

⑤ 生理です。　　　　　　　**May regla ako.** /
　　　　　　　　　　　　　マイ　レグラ　アコ

　　　　　　　　　　　　　**Mayroon ako.**
　　　　　　　　　　　　　メロン　アコ

⑥ おなかが痛いです。　　　**Masakit 〔Sumasakit〕 ang tyan ko.**
　　　　　　　　　　　　　マサキット　〔スマサキット〕　アン　チャン　コ

　　おなかが痛いです。　　**Masakit 〔Sumasakit〕 ang puson ko.**
　　〔生理痛のとき〕　　　マサキット　〔スマサキット〕　アン　プソン　コ

⑦ 下痢をしています。　　**May LBM ako.** /
　　　　　　　　　　　　マイ　エルビーエム　アコ

　　　　　　　　　　　　**Nagtatae ako.**
　　　　　　　　　　　　ナグ**タ**タエ　ア**コ**

⑧ 風邪をひいています。　**May sipon ako.** /
　　　　　　　　　　　　マイ　シィ**ポ**ン　アコ

　　　　　　　　　　　　**Sinisipon ako.**
　　　　　　　　　　　　シィニシィ**ポ**ン　ア**コ**

⑨ 薬を飲みなさい。　　　**Uminom ka ng gamot.**
　　　　　　　　　　　　ウミ**ノ**ム　カ　ナン　ガ**モ**ット

⑩ ベッドで横になったら。　**Magpahinga ka na lang sa kama.**
　　　　　　　　　　　　マグパヒ**ガ**　カ　ナ　ラン　サ　**カ**マ

⑪ バスで酔いました。　　**Nahihilo na ako sa bus.**
　　　　　　　　　　　　ナヒ**ヒ**ーロ　ナ　ア**コ**　サ　ブス

⑫ 今の具合はどう？　　　**Kumusta na ang pakiramdam mo**
　　　　　　　　　　　　クム**ス**タ　ナ　アン　パキラム**ダ**ム　モ
　　　　　　　　　　　　**ngayon?**
　　　　　　　　　　　　ガ**ヨ**ン

⑬ 少し良くなりました。　**Gumaling na ako nang kaunti.**
　　　　　　　　　　　　グマ**リ**ン　ナ　ア**コ**　ナン　**コ**ンティ

⑭ 健康には気をつけて。　**Ingatan mo ang kalusugan mo.** /
　（体には気をつけて。）　イ**ガ**ータン　モ　アン　カル**スー**ガン　モ

　　　　　　　　　　　　**Ingatan mo ang katawan mo.**
　　　　　　　　　　　　イ**ガ**ータン　モ　アン　カタ**ワ**ン　モ

2章　日常生活で使えるフレーズ

### ひとことメモ　デング熱

　フィリピンでは「デンゲ」と呼ばれるデング熱（**dengue fever**）は、デングウィルスを持つ蚊に刺されることで感染します。デング熱にかかると、突然、高熱が出て、頭痛、筋肉痛、関節痛、発疹や皮下出血などを伴うことがあります。通常は、命にかかわる病気ではありませんが、口や鼻から出血を伴う重い症状になることもあるので注意が必要です。

　デング熱には予防薬はなく、デングウィルスを持つ蚊（やぶ蚊に似ている）に刺されないようにすることが一番の予防対策です。この蚊の繁殖する水辺や水溜り付近、また、この蚊の活動時間である明け方や夕暮れ前には蚊に刺されないように注意しましょう。

★　語句の解説　★

① **masama**：悪い、**pakiramdam**：具合
② **nagkasakit**【完】：病気になった〈magkasakit マグ**カ**サキット〉、**may sakit**：病気になる
④ **lagnat**：熱、**nilalagnat**【継】：熱が出ている〈lagnatin ラグナ**ティ**ン〉
⑤ **regla**：生理
⑥ **masakit**【形】：痛い、**sumasakit**【継】：痛んでいる〈sumakit スマ**キ**ット〉、**tyan**：お腹、**puson**：下腹
⑦ **LBM**（Loose Bowel Movement）：下痢、**nagtatae**【継】：下痢をしている〈magtae マグ**タエ**〉
⑧ **sipon**：風邪、**sinisipon**【継】：風邪をひいている〈sipunin シプ**ニ**ン〉
⑨ **uminom**【基】：飲む、**gamot**：薬
⑩ **magpahinga**【基】：横になる、**kama**：ベッド
⑪ **nahihilo**【継】：気分が悪い、めまいがする、ふらふらする〈mahilo マ**ヒ**ーロ〉、**bus**：バス〔発音は英語読みの「バス」でもよいです〕
⑫ **kumusta**：（＝how）いかが？
⑬ **gumaling**【完】：良くなった〈gumaling グマ**リ**ン〉、**nang kaunti**：少し
⑭ **kalusugan**：健康、**katawan**：体

# 35. 気持ち・感想を伝える

① 残念！  
**Sayang!**  
サーヤン

あなたが一緒でなくて残念です。  
**Sayang at hindi ka kasama.**  
サーヤン アット ヒンディ カ カサーマ

② （あなたが）かわいそうに。  
**Kawawa ka naman.**  
カワワ カ ナマン

③ 私はうれしく思います。  
**Natutuwa ako.**  
ナトゥトゥワ アコ

④ 私は楽しいです。  
**Masaya ako.**  
マサヤ アコ

⑤ 私は幽霊が怖いです。  
**Natatakot ako sa multo.**  
ナタターコット アコ サ ムルト

⑥ 彼女をうらやましく思う。  
**Naiingit ako sa kanya.**  
ナイインギット アコ サ カニャ

⑦ 退屈だ。（つまらない。）  
**Naiinip na ako.**  
ナイイニップ ナ アコ

2章 日常生活で使えるフレーズ

⑧ 面倒くさい。　　　　　**Tamad na ako.**
　　　　　　　　　　　　タマッド　ナ　アコ

⑨ 新しい環境にとまどう。　**Naninibago ako sa bagong**
　　　　　　　　　　　　ナニニバーゴ　アコ　サ　バーゴン
　　　　　　　　　　　　**kalagayan.**
　　　　　　　　　　　　カラガヤン

⑩ 私は悲しい〔寂しい〕　　**Nalulungkot ako.** /
　　です。　　　　　　　　ナルルンコット　アコ
　　　　　　　　　　　　**Malungkot ako.**
　　　　　　　　　　　　マルンコット　アコ

⑪ 私は恥ずかしく思う。　　**Nahihiya ako.**
　　　　　　　　　　　　ナヒヒヤ　アコ

　あなたのしたことは恥　　**Nakakahiya ang ginawa mo.**
　ずかしいです。　　　　　ナカカヒヤ　アン　ギナワ　モ

⑫ ニュースに驚きました。　**Nagulat　ako sa balita.**
　　　　　　　　　　　　ナグーラット　アコ　サ　バリータッ

⑬ 子供の世話は大変です。　**Nahihirapan ako sa pag-aalaga ng**
　　　　　　　　　　　　ナヒヒラーパン　アコ　サ　パグアアラーガ　ナン
　　　　　　　　　　　　**bata.**
　　　　　　　　　　　　バータッ

> ★ 語句の解説 ★
>
> ① **sayang**：残念〔sayang at〜で「〜で残念だ」〕
> ② **kawawa**：かわいそう
> ③ **natutuwa**【継】：うれしく思う〈matuwa マトゥ**ワ**〉
> ④ **masaya**：楽しい
> ⑤ **natatakot**【継】：怖いと思う〈matakot マ**タ**ーコット〉、**multo**：幽霊
> ⑥ **naiingit**【継】：うらやましく思う〈maingit マイン**ギ**ット〉
> ⑦ **naiinip**【継】：退屈する、飽きる〈mainip マイ**ニ**ップ〉
> ⑧ **tamad**：怠惰な
> ⑨ **naninibago**【継】：とまどっている〈manibago マニ**バ**ーゴ〉、**bago**：新しい、**kalagayan**：環境
> ⑩ **nalulungkot**【継】：悲しく思う〈malungkot マルン**コ**ット〉、**malungkot**【形】：悲しい
> ⑪ **nahihiya**【継】：恥ずかしく思う〈mahiya マ**ヒ**ヤ〉、**nakakahiya**：(物事・行為などが) 恥ずかしい
> ⑫ **nagulat**【完】：驚いた〈magulat マ**グ**ーラット〉、**balita**：ニュース、知らせ
> ⑬ **nahihirapan**【継】：苦労する、大変な思いをする〈mahirapan マヒ**ラ**ーパン〉、**pag-aalaga**：世話、**bata**：子供

# 36. 恋愛表現

① あなたを愛しています。 **Mahal kita.**
マハール キタ

② 私が愛しているのはあなたです。 **Ikaw ang mahal ko.**
イカウ アン マハール コ

③ 私が好きなのはあなたです。（あなたがいいのです。） **Ikaw ang gusto ko.**
イカウ アン グスト コ

④ 私にはあなたが必要です。 **Kailangan kita.**
カイラーガン キタ

⑤ あなたに会えなくて寂しいです。（あなたに会いたいです。） **Namimis kita.**
ナミミス キタ

⑥ 僕とつきあってよ。 **Sagutin mo naman ako.**
サグティン モ ナマン アコ

⑦ 今、誰かアプローチしている人はいるの？（今、誰かにアプローチしているの？） **May nililigawan ka ba ngayon?**
マイ ニリリガーワン カ バ ガヨン

⑧ 誰かアプローチしてきている人はいるの？
（誰かあなたにアプローチしてきているの?）

**May nanliligaw ba sa iyo?**
マイ　ナンリリーガウ　バ　サ　イヨ

⑨ 好きな人はいないの？

**Wala kang nagugustuhan?**
ワラ　カン　ナググストハン

⑩ 私は恋をしています。

**Nai "in-love" ako.**
ナイ　インラブ　アコ

⑪ 彼女〔彼〕のことが好きです。

**May gusto ako sa kanya.**
マイ　グスト　アコ　サ　カニャ

⑫ 彼女〔彼〕に一目ぼれしました。

**Crush ko siya.**
クラッシュ　コ　シャ

⑬ 男性に何を求めますか？

**Ano ang hinahanap mo sa lalaki?**
アノ　アン　ヒナハーナップ　モ　サ　ララーキ

⑭ あなたがそんな人とは思いませんでした。

**Hindi ko akalain na ganyan ka.**
ヒンディ　コ　アカラーイン　ナ　ガニャン　カ

⑮ 彼女は私のタイプです。

**Type ko siya.**
タイプ　コ　シャ

⑯ 別れましょう。

**Break na tayo. / Hiwalay na tayo.**
ブレイク　ナ　ターヨ　　ヒワライ　ナ　ターヨ

⑰ ふられました。

**Binasted ako.**
ビナステッド　アコ

## 2章 日常生活で使えるフレーズ

### ひとことメモ　フィリピンの恋愛事情

　フィリピンでは、男性が女性にアプローチするのが昔からの習わしです。花を贈ったり、女性の荷物を持ったり、送り迎えをしたりと、好きな女性にふり向いてもらえるよう、男性はせっせと女性に尽くします。以前は、男性が夜、好きな女性がいる部屋の外で、ギターを片手にロマンチックな歌 **harana**（セレナーデ）を歌ったものです。また、男性は好きな女性に気に入られるだけでなく、彼女の両親、特に母親に気に入られることがとても大切なことでした。しかし最近では、このようなプロセスなくして、恋愛関係になる男女が多くなってきており、**"M.U.（エム・ユー）"** という言葉が頻繁に聞かれるようになりました。**MU** とは **mutual understanding** の略で、男性が女性に積極的にアプローチしなくても、相思相愛であることがはっきりしている状態を表します。ただこの段階では依然、友だち以上、恋人未満の関係であり、恋人同士になるにはやはり男性が正式にアプローチしてくるのを女性は待たないといけないようです。

---

### ★　語句の解説　★

① **mahal**：愛する、愛する人
③ **gusto**：好き
④ **kailangan**：必要だ
⑤ **namimis**【継】：（＝miss）会いたい〈mamis マミス〉
⑥ **sagutin**【基】：（男性の求愛に）答える
⑦ **nililigawan**【継】：～を求愛している〈ligawan リガーワン〉
⑧ **nanliligaw**【継】：～が求愛している〈mangligaw マンリーガウ〉
⑨ **nagugustuhan**【継】：（～を）好きである〈magustuhan マグストハン〉
⑪ **may gusto**：好意がある
⑫ **crush**〔英語〕：一目ぼれ、第一印象で好きになること
⑬ **hinahanap**【継】：探している〈hanapin ハナーピン〉
⑭ **hindi ko akalain**：（～とは）思わなかった
⑮ **type**〔英語〕：タイプ、好み
⑯ **break**〔英語〕：別れる、関係を終わらせる
⑰ **binasted**：ふられた〔英語 bust より〕

# 37. 怒る

① しつこいなあ。　　　**Ang kulit mo.**
　　　　　　　　　　　ア　クリット　モ

② あなたってむかつく。　**Nakakainis ka.**
　　　　　　　　　　　ナカカイニス　カ

　私にいらついてる？　　**Naiinis ka ba sa akin?**
　　　　　　　　　　　ナイイニス　カ　バ　サ　アーキン

③ 私をからかってるの？　**Niloloko mo ba ako?**
　　　　　　　　　　　ニロローコ　モ　バ　アコ

④ 怒ってますか？　　　　**Galit ka ba? / Nagagalit ka ba?**
　　　　　　　　　　　ガリット　カ　バ　　ナガガーリット　カ　バ

⑤ 怒ってません。　　　　**Hindi ako galit.**
　　　　　　　　　　　ヒンディ　アコ　ガリット

　すねているだけです。　**Nagtatampo lang ako.**
　　　　　　　　　　　ナグタタンポ　ラン　アコ

⑥ あなたのことなんて知りません。　**Ewan ko sa iyo.**
　　　　　　　　　　　エーワン　コ　サ　イヨ

⑦ 頭を使ったら。　　　　**Gamitin mo ang utak mo.**
　　　　　　　　　　　ガミーティン　モ　アン　ウータック　モ

郵便はがき

112-0005

| 恐れ入りますが
50円切手を
お貼り下さい |

東京都文京区水道2-11-5

# 明日香出版社 行

弊社WEBサイトからもご意見、ご感想の書き込みが可能です！
**明日香出版社HP** http://www.asuka-g.co.jp

愛読者カード　弊社WEBサイトからもご意見、ご感想の書き込みが可能です!

| この本のタイトル | | | | | | 月　日頃ご購入 |
| --- | --- | --- | --- | --- | --- | --- |
| ふりがな<br>お名前 | | | 性別 | 男女 | 年齢 | 歳 |
| ご住所 | 郵便番号（　　　　） | 電話（　　　　　　　） | | | | |
| | 都道府県 | | | | | |
| メールアドレス | | | | | | |

● **本書を何でお知りになりましたか？**
① 店頭で　② 新聞で見て（新聞名　　　　　）③ インターネットで
④ 雑誌で見て（雑誌名　　　　　）⑤ 知人にすすめられて
⑥ 小社出版物の巻末広告・図書目録を見て　⑦ その他(　　　　)

● **ご購入いただいたきっかけは何ですか？**
① 著者に興味がある　② タイトルに惹かれて　③ わかりやすそう　④ 装丁
⑤ 興味のある内容だから　⑥ その他(　　　　)

● **ご意見・ご感想などお寄せ下さい**

ご意見、ご感想をアスカのホームページで公開してもよいですか？　はい・いいえ

●どんな書籍を出版してほしいですか？

★**小社書籍がお近くの書店さんで入手できないときはこちらのハガキでお申し込みください。**
※別途送料がかかります。下記の表からお選び下さい↓記入のない場合はペリカン便になります。

| 冊数に関わらず<br>ご購入価格(税込) | 1500円以上　クロネコ200円 | 到着まで4〜7日 | |
| --- | --- | --- | --- |
| | 1500円以下　クロネコ500円 | | |
| | 一律　　　　ペリカン便210円 | 到着7日〜14日 | |

| 書　　　　名 | 冊　数 |
| --- | --- |
| | |
| | |
| | |

2章　日常生活で使えるフレーズ

⑧ 私には関係ない。　　　**Wala akong pakialam.**
　　　　　　　　　　　　ワ**ラ**　ア**コン**　パキア**ラ**ム

⑨ 私に干渉しないで。　　**Huwag kang makialam sa akin.**
　　　　　　　　　　　　フ**ワ**ッグ　カン　マキア**ラ**ム　サ　**ア**ーキン

⑩ いいかげんにして。　　**Tigilan mo ako.**
　　　　　　　　　　　　ティ**ギ**ーラン　モ　ア**コ**

⑪ 勝手にすれば。　　　　**Bahala ka.**
　　　　　　　　　　　　バ**ハ**ーラ　カ

⑫ 彼女の好きにさせたら。　**Hayaan mo siya.** /
　　（彼女はほうっておい　ハ**ヤ**アン　モ　シャ
　　たら。）
　　　　　　　　　　　　**Pabayaan mo siya.**
　　　　　　　　　　　　パバ**ヤ**アン　モ　シャ

---

★　語句の解説　★

① **kulit**【語根】：しつこい
② **nakakainis**：むかつく
③ **niloloko**【継】：からかっている〈lokohin ロ**コ**ーヒン〉
④ **galit**【語根】：怒る、**nagagalit**【継】：怒っている〈magalit マ**ガ**ーリット〉
⑤ **nagtatampo**【継】：すねている〈magtampo マグタン**ポ**〉
⑥ **ewan ko**：知らない
⑦ **gamitin**【基】：使う、**utak**：頭、頭脳
⑧ **pakialam**：干渉すること、口を出すこと
⑨ **huwag**：～してはいけない〔禁止〕、**makialam**【基】：干渉する
⑩ **tigilan**【基】：(人に何かすることを) 止める
⑫ **hayaan**【基】：ほうっておく、**pabayaan**【基】：ほうっておく

## 38. 励ます、ほめる

① がんばってください。　**Galingan ninyo.** /
ガリ**ガン**　ニ**ニョ**
　　　　　　　　　　　　**Pagbutihin ninyo.**
パグ**ブティ**ヒン　ニ**ニョ**

② あなたならできるよ！　**Kaya mo iyan!**
**カー**ヤ　モ　ヤン

③ すごい！　**Ang galing!**
アン　**ガ**リン

④ 心配しないで。　**Huwag kang mag–alala.**
フ**ワ**ッグ　カン　マグ　ア**ラ**ラ

⑤ あなたの洋服、いいですね。　**Maganda ang damit mo.**
マ**ガ**ンダ　アン　**ダ**ミット　モ

⑥ あなたに似合ってます。　**Bagay sa iyo.**
バー**ガ**イ　サ　イヨ

2章　日常生活で使えるフレーズ

⑦ 料理が上手ですね。　　**Magaling kang magluto! /**
　　　　　　　　　　　　マガリン　カン　マグルート

　　　　　　　　　　　　**Mahusay kang magluto!**
　　　　　　　　　　　　マフーサイ　カン　マグルート

⑧ あなたはとてもきれい　**Ang ganda–ganda mo!**
　　ですね！　　　　　　アン　ガンダ　ガンダ　モ

⑨ あなたはいい匂いがし　**Ang bango mo!**
　　ますね。　　　　　　アン　バゴ　モ

---

### ★　語句の解説　★

① **galingan**【基】：良くする、がんばる、**pagbutihin**【基】：良くする、がんばる
② **kaya**：できる
③ **galing**：（能力・技術的に）「良い」を意味する語根
④ **mag–alala**【基】：心配する
⑤ **maganda**【形】：きれい、良い、**damit**：洋服
⑥ **bagay**：似合っている
⑦ **magaling**【形】：良い、上手である、**mahusay**：上手である、**magluto**【基】：料理する
⑧ **ganda**：「きれい」を意味する語根
⑨ **bango**：「いい匂い」を意味する語根

# 39. 忠告する、注意する

① だめ！

**Huwag!**
フワッグ

② 騒がしくしないで！

**Huwag kayong mag-ingay!**
フワッグ　カヨン　マグ　インガイ

静かにして！

**Tumahimik kayo!**
トゥマヒミック　カヨ

③ まず聞いて！

**Makinig ka muna!**
マキニッグ　カ　ムーナ

④ からかわないで。
（冗談言わないで。）

**Huwag kang magbiro. /**
フワッグ　カン　マグビロ

**Huwag mo akong biruin.**
フワッグ　モ　アコン　ビルイン

⑤ 私をだまさないで。

**Huwag mo akong lokohin.**
フワッグ　モ　アコン　ロコヒン

⑥ 本当のことを言いなさい。

**Sabihin mo ang totoo.**
サビーヒン　モ　アン　トトオ

⑦ 気にしてはいけません。

**Huwag kang mabahala.**
フワッグ　カン　マバハーラ

2章 日常生活で使えるフレーズ

⑧ ここにゴミを捨てては
いけません。
**Bawal magtapon ng basura dito.**
バーワル　マグターポン　ナン　バスーラ　ディート

⑨ ここは横断禁止です。
**Bawal tumawid dito.**
バーワル　トゥマウィッド　ディート

⑩ ここは乗り降り禁止です。〔バスなどで〕
**Bawal mag-load at mag-unload dito.**
バーワル　マグ　ロード　アット　マグ　アンロード
ディート

⑪ ここは禁煙です。
**Bawal manigarilyo〔magsigarilyo〕rito.**
バーワル　マニガリーリョ　〔マグシガリーリョ〕
リート

⑫ ここは立小便禁止です。
**Bawal umihi dito.**
バーワル　ウミヒ　ディート

### ひとことメモ

　フィリピンの街角ではよく "**Bawal Umihi Dito**" という張り紙をよく見かけます。つい一昔前までは、どんな大通りであっても路上で立小便をする男性がよくいたものです。しかし近年、衛生上・景観上などの理由から、公衆トイレならぬ公衆立小便所が登場しました。しかも、その色は、なぜかピンクです。マニラ首都圏では、バス停や横断歩道もピンクです。これは、マニラ首都圏開発局（**MMDA**）のプロジェクトであることを意味します。ピンクは確かに目立ちはしますが、違和感を感じる人もいるようです。

## ★ 語句の解説 ★

② **mag–ingay**【基】：うるさくする、騒ぐ、**tumahimik**【基】：静かにする
③ **makinig**【基】：聞く
④ **magbiro**【基】：からかう、冗談を言う、**biruin**【基】：（〜を）からかう
⑤ **lokohin**【基】：（〜を）だます
⑥ **sabihin**【基】：（〜を）言う、**totoo**：本当のこと
⑦ **mabahala**【基】：気にする、気にかける
⑧ **magtapon**【基】：捨てる、**basura**：ゴミ
⑨ **tumawid**【基】：横切る、横断する
⑩ **mag–load**【基】：人を乗せる〔英語 load〕、**mag–unload**【基】：人を降ろす〔英語 unload〕
⑪ **manigarilyo** / **magsigarilyo**【基】：タバコを吸う
⑫ **umihi**【基】：小便する

## 40. 会話の中の相づち

① そうなの？ **Ganoon?**
ガノン

そうなんだ！ **Ganoon pala!**
ガノン　パラ

② だからかあ！ **Kaya pala!**
カヤ　パラ

③ 本当？ **Talaga? / Totoo?**
タラガ　　　トトオ

④ 信じられない。 **Hindi ako naniniwala.**
ヒンディ　アコ　ナニニワーラ

⑤ なんだって？ **Ano daw?**
アノ　ダウ

なんて言った？ **Anong sinabi mo?**
アノン　シィナービ　モ

⑥ 確かなの？ **Sigurado ka ba?**
シィグラード　カ　バ

⑦ それはひどい。 **Sobra naman. / Grabe naman.**
ソブラ　ナマン　　　グラーヴィ　ナマン

⑧ それはよかった。　　　　**Mabuti naman.**
　　　　　　　　　　　　　マブーティ　ナマン

⑨ ずるい！　　　　　　　**Ang daya mo!**
　　　　　　　　　　　　　アン　ダーヤ　モ

⑩ 確かに。ごもっとも。　　**Sa bagay.**
　　　　　　　　　　　　　サ　バーガイ

⑪ そうだね。　　　　　　　**Oo nga.**
　　　　　　　　　　　　　オーオ　ガ

⑫ ところで。　　　　　　　**Siya nga pala.**
　　　　　　　　　　　　　シャ　ガ　パラ

⑬ それは間違ってます。　　**Mali iyon.**
　　　　　　　　　　　　　マリ　イヨン

⑭ 気にしないで。　　　　　**Hindi bale.**
　　　　　　　　　　　　　ヒンディ　バレ

---

### ★ 語句の解説 ★

① **pala**：驚きを表す小辞
② **kaya**：だから
④ **naniniwala**【継】：信じている 〈maniwala マニワーラ〉
⑤ **sinabi**【完】：言った 〈sabihin サビーヒン〉
⑥ **sigurado**：確かである
⑦ **sobra**：度を越している、ひどい、**grabe**：ひどい、すごい
⑧ **mabuti**：良かった
⑨ **daya**：「ずるをする」を意味する語根
⑪ **Oo nga.**：そうだね〔強調〕
⑬ **mali**：間違っている、誤り

# 3章

# 旅行で使えるフレーズ

# 1. 機内で

① 私の席はどこですか？　　**Saan po ang upuan ko?**
　　　　　　　　　　　　　サアン　ポ　アン　ウプアン　コ

② 荷物をここに置いても　　**Puwede akong maglagay ng**
　いいですか？　　　　　　プウェデ　アコン　マグラガイ　ナン
　　　　　　　　　　　　　**bagahe ko rito?**
　　　　　　　　　　　　　バガーヘ　コ　リート

③ 新聞はありますか？　　　**Mayroon ba kayong dyaryo?**
　　　　　　　　　　　　　メロン　バ　カヨン　ジャリオ

④ 何をお飲みになります　　**Ano ang gusto ninyong inumin?**
　か？　　　　　　　　　　アノ　アン　グスト　ニニョン　イヌミン

⑤ どんな飲み物がありま　　**Anong drinks ang mayroon?**
　すか？　　　　　　　　　アノン　ドリンクス　アン　メロン

⑥ コーラをください。　　　**Pahingi ako ng coke.**
　　　　　　　　　　　　　パヒギ　アコ　ナン　コーク

⑦ ヘッドセットが壊れて　　**Sira na yata ang headset ko.**
　いるみたいです。　　　　シィラ　ナ　ヤータ　アン　ヘッドセット　コ

3章 旅行で使えるフレーズ

⑧ 入国カードをもう1枚ください。　**Pahingi naman ako ng isa pang disembarkation card.**
パヒギ　ナマン　アコ　ナン　イサ　パン　ディスエンバケーション　カード

⑨ 荷物を取ってもらえますか？　**Puwede kayong mag-abot ng gamit ko?**
プウェデ　カヨン　マグアーボット　ナン　ガーミット　コ

---

### ★ 語句の解説 ★

① **upuan**：座席、座るところ、いす
② **maglagay**【基】：置く、**bagahe**：(大きい) 荷物
③ **dyaryo**：新聞
④ **inumin**：飲み物
⑥ **pahingi**：ください
⑦ **sira**【語根】：壊れている、**yata**：～のようだ
⑧ **disembarkation card**〔英語〕：入国カード
⑨ **mag-abot**【基】：取って渡す、**gamit**：物

# 2. 空港で

① パスポートを見せてください。
**Patingin ng pasaporte ninyo.**
パティギン ナン パサポルテ ニニョ

② 同伴者はいますか？
**May kasama ba kayo?**
マイ カサーマ バ カヨ

③ 私は一人です。
**Mag-isa lang po ako.**
マグ イサ ラン ポ アコ

④ フィリピンにどのくらい滞在しますか？
**Gaano kayo katagal mag-iistay**
ガアノ カヨ カタガル マグイイステイ
**dito sa Pilipinas?**
ディート サ ピリピーナス

　2週間です。
**Dalawang linggo po.**
ダラワン リンゴ ポッ

⑤ どこに滞在しますか？
**Saan kayo titira?** /
サアン カヨ ティティラ
**Saan kayo tutuloy?**
サアン カヨ トゥトゥロイ

3章 旅行で使えるフレーズ

友だちのところです。　**Sa bahay po ng kaibigan ko.**
　　　　　　　　　　　サ バーハイ ポ ナン カイ**ビ**ーガン コ

⑥ スーツケースを開けて　**Pakibuksan po ang maleta ninyo.**
　 ください。　　　　　　パ**キ**ブク**サ**ン ポ アン マ**レ**ータ ニ**ニョ**

---

### ★　語句の解説　★

① **patingin**：見せてください、**pasaporte**：パスポート
③ **mag–isa**：一人である
④ **gaano katagal**：どのくらい長く、**mag–iistay**【未】：滞在する〔英語 stay の混用〕〈mag–istay マグイス**テ**イ〉、**linggo**：週
⑤ **titira**【未】：住む〈tumira トゥミラ〉、**tutuloy**【未】：泊まる〈tumuloy トゥムロイ〉
⑥ **pakibuksan**：開けてください、**maleta**：スーツケース

# 3. タクシーに乗る

① タクシー乗り場はどこですか？
**Nasaan po ang sakayan ng taksi?**
ナサアン ポ アン サカヤン ナン タクシー

② タクシーを呼んでください。
**Pakitawag naman po ang taksi.**
パキタワッグ ナマン ポ アン タクシー

③ どちらに（行きますか）？
**Saan kayo?**
サアン カヨ

マニラホテルまで。
**Sa Manila Hotel lang po.**
サ マニラ ホテル ラン ポ

④ ホテルまでどのくらい時間がかかりますか？
**Gaano po katagal hanggang sa Hotel?**
ガアノ ポ カタガル ハンガン サ ホテル

⑤ どこを通りますか？
**Saan po tayo dadaan?**
サアン ポ ターヨ ダダアン

エドサ通りを通って行きましょう。
**Dumaan tayo sa Edsa.**
ドゥマアン ターヨ サ エドサ

⑥ メーターをつけてください。
**Pakibuksan ang metro.**
パキブクサン アン メトロ

3章 旅行で使えるフレーズ

⑦ 信号のあるところを右に曲がりましょう。　**Kakanan tayo sa may stop light.**
カカーナン　ターヨ　サ　マイ　ストップ　ライト

⑧ 止めてください。　**Para po.**
パーラ　ポッ

そこに寄せてください。　**Sa tabi lang po.**
サ　タビ　ラン　ポッ

⑨ ここで結構です。　**Dito na lang po.**
ディート　ナ　ラン　ポッ

⑩ いくらですか？　**Magkano po?**
マグカーノ　ポッ

⑪ おつりは結構です。　**Sa inyo na po ang sukli.**
サ　イニョ　ナ　ポ　アン　スクリッ

⑫ 忘れ物はないですか？　**Wala kayong naiwan?**
ワラ　カヨン　ナイーワン

★ 語句の解説 ★

① **sakayan**：乗り場、**taksi**：タクシー
② **pakitawag**：呼んでください
④ **gaano katagal**：どのくらい時間がかかりますか、**hanggang**：〜まで
⑤ **dadaan**【未】：通る〈dumaan ドゥマアン〉、**dumaan**【基】：通る、**Edsa**：エドサ〔マニラを南北に通る大通りの名前〕
⑥ **pakibuksan**：（電気など）つける、入れる、**metro**：タクシーメーター
⑦ **kakanan**【基】：右に曲がる〈kumanan クマーナン〉、**sa may**：〜のあるところで、**stop light**〔英語〕：信号
⑧ **tabi**：脇
⑩ **magkano**：いくら
⑪ **sukli**：おつり
⑫ **naiwan**【完】：置き忘れた〈maiwan マイーワン〉

# 4. ホテルで (1)

① チェックインしたいのですが。
**Gusto kong mag-check-in.**
グスト　コン　マグ　チェックイン

② この用紙に記入してください。
**Pakisulatan itong porm.**
パキスラタン　イトン　ポルム

③ 朝食は何時からですか？
**Anong oras po ang almusal?**
アノン　オーラス　ポ　アン　アルムサル

④ チェックアウトは何時ですか？
**Anong oras ang check-out?**
アノン　オーラス　アン　チェックアウト

⑤ 国際電話をかけたいのですが。
**Gusto kong mag-international-call.**
グスト　コン　マグ　インターナショナルコール

⑥ チェックアウトした後でも、荷物を預けることはできますか？
**Puwede bang iwan ang gamit ko**
プウェデ　バン　イワン　アン　ガミット　コ
**dito, kahit naka-check-out na**
ディート　カーヒット　ナカ　チェックアウト　ナ
**ako?**
アコ

3章　旅行で使えるフレーズ

⑦ ホテルで両替はできますか？

**Puwedeng magpalit ng pera sa hotel?**
プウェデン　マグパリット　ナン　ペーラ　サ　ホテル

---

★　語句の解説　★

① **mag-check-in**【基】：チェックインする〔英語の混用〕
② **pakisulatan**：（〜を）書いてください、**porm**：フォーム、用紙
③ **almusal**：朝食
④ **check-out**〔英語〕：**チェックアウト**
⑥ **iwan**【基】：預ける、**gamit**：物、持ち物、**kahit na**：〜にもかかわらず、**naka-check-out**：チェックアウトしている
⑦ **magpalit**【基】：替える、**pera**：お金

115

# 5. ホテルで (2)

① ルームサービスをお願いできますか？　**Puwedeng magpa–room service?**
プウェデン　マグパ　ルーム　サービス

② タオルをもう1枚ください。　**Pahingi po ng isa pang tuwalya.**
パヒギ　ポ　ナン　イサ　パン　トゥワリヤ

③ テレビがつきません。　**Ayaw mabuksan ang TV.**
アーヤウ　マブクサン　アン　ティービー

④ エアコンが壊れているみたいです。　**Parang sira ang air–con.**
パーラン　シィラ　アン　エア　コン

⑤ チェックしてください。　**Paki–check lang po. /**
パキ　チェック　ラン　ポ
**Pakitingnan lang po.**
パキティグナン　ラン　ポ

⑥ お湯が出ません。　**Ayaw lumabas ng mainit na tubig.**
アーヤウ　ルマバス　ナン　マイーニット　ナ　トゥービッグ

⑦ 部屋を替えてください。　**Pakipalitan ang kuwarto.**
パキパリタン　アン　クワルト

3章 旅行で使えるフレーズ

⑧ 部屋を掃除してください。　**Pakilinis ang kuwarto.**
パキリーニス　アン　クワルト

⑨ カギを部屋の中に置き忘れました。　**Naiwan ko ang susi sa loob ng kuwarto.**
ナイーワン　コ　アン　スーシィ　サ　ロオップ　ナン　クワルト

---

### ★　語句の解説　★

① **magpa–room service**【基】：ルームサービスをしてもらう
② **pahingi**：ください、**tuwalya**：タオル
③ **mabuksan**【基】：(家電・電気などが) つく
④ **parang**：～のようだ、**sira**【継】：壊れている
⑤ **paki–check**：チェックしてください、**pakitingnan**：見てください
⑥ **lumabas**【基】：(外に) 出る、**mainit**：熱い、**tubig**：水
⑦ **pakipalitan**：(～を) 替えてください
⑧ **pakilinis**：掃除してください
⑨ **naiwan**【完】：置き忘れた〈maiwan マイーワン〉、**susi**：カギ、**sa loob ng**：～の中に、**kuwarto**：部屋

# 6. 銀行、両替所

① この近くに銀行か両替所はありますか？

**May bangko ba o money exchange**
マイ バンコ バ オー マニー エクスチェンジ
**na malapit dito?**
ナ マラーピット ディート

② 銀行は何時に閉まりますか？

**Anong oras ba nagsasara ang**
アノン オーラス バ ナグササラ アン
**bangko?**
バンコ

③ 日本円を両替したいのですが。

**Gusto kong magpalit ng Japanese**
グスト コン マグパリット ナン ジャパニーズ
**yen.**
エン

④ 今日のレートはいくらですか？

**Ano ang exchange rate ngayon?**
アノ アン エクスチェンジ レート ガヨン

⑤ 1万円は何ペソですか？

**Magkano po ang isang lapad sa**
マグカーノ ポ アン イサン ラパッド サ
**peso?**
ペソ

3章　旅行で使えるフレーズ

⑥ ここを離れる前にお金を数えてください。

**Pakibilang lang po ang pera bago**
パキビーラン　ラン　ポ　アン　ペーラ　バーゴ

**kayo umalis.**
カヨ　ウマリス

⑦ お金はバッグにすぐしまってください。

**Pakitago ang pera sa bag ninyo**
パキターゴ　アン　ペーラ　サ　バッグ　ニニョ

**kaagad.**
カアガッド

---

★　語句の解説　★

① **bangko**：銀行、**money exchange**〔英語〕：両替、**malapit**：近い
④ **exchange rate**〔英語〕：為替レート
⑤ **lapad**：（日本の）１万円札
⑥ **pakibilang**：数えてください、**bago**：～する前に、**umalis**【基】：去る
⑦ **pakitago**：しまってください、隠してください、**kaagad**：すぐに

# 7. ショッピング (1)

① 友だちにお土産を買いたいのですが。
**Gusto kong bumili ng pasalubong para sa mga kaibigan ko.**
グスト コン ブミリ ナン パサルーボン パーラ サ マガ カイビーガン コ

② ドライマンゴーはどこで買えますか?
**Saan ako makakabili ng dried mango?**
サアン アコ マカカビリ ナン ドライド マンゴー

③ いいおみやげは何でしょうか?
**Ano kaya ang magandang pasalubong?**
アノ カヤ アン マガンダン パサルーボン

④ 何をお探しですか?
**Ano ang hinahanap ninyo?**
アノ アン ヒナハーナップ ニニョ

⑤ ちょっと見ているだけです。
**Tumitingin lang po ako.**
トゥミティギン ラン ポ アコ

⑥ これは何ですか?
**Ano ito?**
アノ イト

⑦ これを見せてください。
**Patingin po nito.**
パティギン ポ ニト

3章 旅行で使えるフレーズ

⑧ 高いですね！　　　　　**Ang mahal naman!**
　　　　　　　　　　　　　アン　マハール　ナマン

　もっと安いのはありま　　**Wala kayong mas mura?**
　せんか？　　　　　　　　ワラ　カヨン　マス　ムーラ

⑨ 一回りしてきます。　　　**Iikot muna ako.**
　　　　　　　　　　　　　イイコット　ムーナ　アコ

⑩ これをもらいます。　　　**Kukunin ko ito.**
　　　　　　　　　　　　　ククーニン　コ　イト

⑪ これを2つください。　　**Pahingi ng dalawang ganito.**
　　　　　　　　　　　　　パヒギ　ナン　ダラワン　ガニト

⑫ どこで支払ったらいい　　**Saan ba ito babayaran?**
　ですか？　　　　　　　　サアン　バ　イト　ババヤーラン

⑬ カードは使えますか？　　**Magagamit po ba ang credit card?**
　　　　　　　　　　　　　マガガーミット　ポ　バ　アン　クレジット　カード

---

★　語句の解説　★

① **bumili**【基】：買う、**pasalubong**：おみやげ、**para sa**：〜のため、**kaibigan**：友だち
② **makakabili**【未】：買うことができる 〈makabili マカビリ〉
③ **maganda**：良い
④ **hinahanap**【継】：(〜を) 探している 〈hanapin ハナーピン〉
⑤ **tumitingin**【継】：(〜を) 見ている 〈tumingin トゥミギン〉
⑧ **mahal**：(値段が) 高い、**mas**：より〔比較〕、**mura**：安い
⑨ **iikot**【未】：一回りする 〈umikot ウミコット〉
⑩ **kukunin**【未】：(〜を) 買う 〈kunin クーニン〉
⑫ **babayaran**【未】：(〜を) 支払う 〈bayaran バヤーラン〉
⑬ **magagamit**【未】：使える 〈magamit マガーミット〉

# 8. ショッピング (2)

① 試着してもいいですか？ **Puwedeng magsukat?**
プウェデン　マグスーカット

② 私には小さいです。 **Maliit ito sa akin.**
マリイット　イト　サ　アーキン

私には大きすぎます。 **Masyado itong malaki sa akin.**
マッシャード　イトン　マラキ　サ　アーキン

③ このスカートはゆるい。 **Maluwang ang palda na ito.**
マルワン　アン　パルダ　ナ　イト

このスカートはきつい。 **Masikip ang palda na ito.**
マシキップ　アン　パルダ　ナ　イト

④ もっと大きいものはありますか？ **Mayroon ba kayong mas malaki?**
メロン　バ　カヨン　マス　マラキ

もっと小さいものはないですか？ **Wala ba kayong mas maliit?**
ワラ　バ　カヨン　マス　マリイット

⑤ これは私には入りません。 **Hindi ito kasya sa akin.**
ヒンディ　イト　カーシャ　サ　アーキン

⑥ 他の色はありますか？ **Mayroon ba kayong ibang kulay?**
メロン　バ　カヨン　イバン　クーライ

⑦ どちらが似合いますか？ **Alin po ba ang mas bagay sa akin?**
アリン　ポ　バ　アン　マス　バーガイ　サ　アーキン

3章　旅行で使えるフレーズ

⑧ バロン・タガログを作ってもらいたいのですが。　**Gusto kong magpagawa ng barong tagalog.**
グスト　コン　マグパガワ　ナン　バロン　タガログ

### ひとことメモ　　フィリピンの正装

フィリピンの正装には、男性の **barong tagalog**（バロン・タガログ）、女性の **terno**（テルノ）があります。バロン・タガログは、**pinya**（ピーニャ：パイナップルの葉の繊維で出来た生地）や **jusi**（フーシ：もともとはバナナの葉の繊維で出来た生地を指したが、今は中国シルクの平織り布を指す）などで作られた長袖のブラウスで、繊細な刺繍が施されています。生地が薄手で透けるため、白い肌着を着用します。正式な場では、通常長袖のバロン・タガログを着用しますが、オフィスなどでは半袖のものも着用されます。もともと男性のものでしたが、最近は女性用のバロン・タガログもポピュラーになりました。また、テルノは、**butterfly sleeves**（バタフライ・スリーブ）と呼ばれる蝶の羽のような大きな袖が特徴的なロングドレスで、イメルダ夫人（マルコス元大統領夫人）が愛用したことで有名になりました。

フィリピンにはバロン・タガログやテルノ以外にも伝統的な衣服がいくつかあり、これらフィリピン的な衣服は総称して **Filipiniana**（フィリピニアーナ）と呼ばれます。ただし、この **Filipiniana** は、衣服だけではなく、フィリピンの物産品や文学など、フィリピン的なものの総称としても使われます。

★　語句の解説　★

① **magsukat**【基】：試着する
② **maliit**：小さい、**masyado**：とても、～すぎる、**malaki**：大きい
③ **maluwang**：ゆるい、**palda**：スカート、**masikip**：きつい
⑤ **kasya**：（サイズに）合う、入る
⑥ **iba**：他の、**kulay**：色
⑦ **alin**：どちら、**bagay**：似合う
⑧ **magpagawa**【基】：作ってもらう〔使役〕

# 9. 市場・サリサリストアで買い物をする

① 市場で買い物をしよう。　**Mamalengke tayo.**
　　　　　　　　　　　　　ママレンケ　ターヨ

② マンゴー2つとパイナップル1つ、ください。　**Pabili ng dalawang mangga at**
　　　　　　　　　　　　　　　　　　　　　　　パビリ　ナン　ダラワン　マンガ　アット
　　　　　　　　　　　　　　　　　　　　　　　**isang pinya.**
　　　　　　　　　　　　　　　　　　　　　　　イサン　ピーニャ

③ 1キロいくらですか？　**Magkano ang isang kilo?**
　　　　　　　　　　　　マグカーノ　アン　イサン　キロ

④ たくさん買うので、割引して。　**Bibili ako ng marami, kaya bigyan**
　　　　　　　　　　　　　　　　ビビリ　アコ　ナン　マラミ　カヤ　ビギャン
　　　　　　　　　　　　　　　　**mo ako ng tawad.**
　　　　　　　　　　　　　　　　モ　アコ　ナン　ターワッド

⑤ いくつ買いますか？　**Ilan ang bibilhin mo?**
　　　　　　　　　　　イラン　アン　ビビルヒン　モ

⑥ 無理です。　**Hindi puwede.**
　　　　　　　　ヒンディ　プウェデ
　　私たちが損しちゃうよ。　**Malulugi kami.**
　　　　　　　　　　　　　　マルルーギ　カミ

3章 旅行で使えるフレーズ

⑦ もう1つ足してください。　**Dagdagan naman ninyo ng isa.**
ダグダガン　ナマン　ニニョ　ナン　イサ

⑧ 全部でいくらですか？　**Magkano lahat?** /
マグカーノ　ラハット

　**Bale magkano?**
バレ　マグカーノ

⑨ おつりが足りません。　**Kulang ang sukli.**
クーラン　アン　スクリッ

　20ペソ足りません。　**Kulang ang beynte.**
クーラン　アン　ベインテ

⑩ 小銭がありません。　**Wala akong barya.**
ワラ　アコン　バリャ

---

### ★ 語句の解説 ★

① **mamalengke**【基】：市場で買い物をする
② **pabili**：〜をください、**pinya**：パイナップル
③ **kilo**：キログラム
④ **bibili**【未】：(＝buy) 買う〈bumili ブミリ〉、**marami**：たくさん、多く、**bigyan**【基】：(〜に) 与える、**tawad**：割引
⑤ **ilan**：いくつ、**bibilhin**【未】：(〜を) 買う〈bilhin ビルヒン〉
⑥ **malulugi**【未】：損をする、採算が合わない〈malugi マルーギ〉
⑦ **dagdagan**【基】：(〜を) 足す
⑧ **lahat**：全部で、**bale**：(金銭的に) 価値のある、〜に値する
⑨ **kulang**：足りない、**sukli**：おつり、**beynte**：20
⑩ **barya**：小銭

### ひとことメモ①　サリサリ・ストア

　サリサリ（**sari-sari**）とは、フィリピン語で「いろいろな、種々の」という意味です。サリサリ・ストアは、自宅の軒先で小さなお店を構え、生活日用品や食料品など、何でも売っている小規模な雑貨店です。都市部や農村部、街中や住宅街どこにでもあり、大型のスーパーなどにわざわざ行かなくてもたいていの物はここで揃います。
　店の商品・品物のほとんどは、ばら売りか量り売りで販売しており、お客は必要な分だけ、家計の状況に応じて品物を購入することができます。また、サリサリ・ストアでは、いつも決まった店で買い、その店の馴染みの客（**suki**）になると、ツケで買い物をすることができます。逆に、こうすることで固定客を確保しているのです。これは公共市場でも同じです。

### ひとことメモ②　ジープニー

　ジープニーとは、乗り合いの小型バスを指し、もともとは第二次世界大戦後、アメリカ軍の残していったジープを改造して作られたのが始まりといわれています。ジープニーの車体は、アニメのキャラクターや自分の子供の肖像画、またはキリスト像などが塗装されていたり、カーアクセサリーなどで派手にデコレーションされています。ジープニーは、フィリピンの大衆文化を象徴する乗り物といえます。
　バスが主要な幹線道路を通るのに対して、ジープニーはその他のルートを走ります。ジープニーのルートは、かなり細い道まで網の目のように走っており、何回か乗り継げば、ほとんどの場所に行くことができます。
　便利なことに、このジープニーには、ルート上であれば停留所以外の場所でも自由に乗り降りができます（ただし、首都圏では、決まった場所でしか乗り降りできないところもあります）。まず、手を上げてジープニーを止め、乗ったら **"Bayad po."** と言ってお金を払い、降りたいところで **"Para po."** と言って降ろしてもらいます。とても便利な交通機関ですが、乗り慣れていない人にとっては、フィリピン人でさえも、ジープニーに乗るのは難しく躊躇するそうです。

# 10. レストランに入る

① どこで食事する？　　　**Saan tayo kakain?**
　　　　　　　　　　　　サアン　ターヨ　カカイン

② どこで食事したいです　**Saan mo ba gustong kumain?**
　か？　　　　　　　　　サアン　モ　バ　グストン　クマイン

③ どこか良いレストラン　**May alam ka bang magandang**
　を知っていますか？　　マイ　アラム　カ　バン　マガンダン
　　　　　　　　　　　　**restawran?**
　　　　　　　　　　　　レスタウラン

④ 何を食べますか？　　　**Ano ang kakainin natin?**
　　　　　　　　　　　　アノ　アン　カカイニン　ナーティン

　何がいい？　　　　　　**Ano ang gusto mo?**
　　　　　　　　　　　　アノ　アン　グスト　モ

⑤ 何でもいいです。　　　**Kahit ano.**
　　　　　　　　　　　　カヒット　アノ

　まかせます。　　　　　**Ikaw ang bahala.**
　　　　　　　　　　　　イカウ　アン　バハーラ

⑥ ここにしましょう。　　**Dito na lang tayo.**
　　　　　　　　　　　　ディート　ナ　ラン　ターヨ

⑦ 何名様ですか？　　　**Ilan ba kayo?**
　　　　　　　　　　　*イラン バ カヨ*

　3人です。　　　　　**Tatlo kami.**
　　　　　　　　　　　*タトゥロ カミ*

⑧ あとでもう1人来ます。**Darating pa ang isa mamaya.**
　　　　　　　　　　　*ダラティン パ アン イサ マーマヤッ*

---

### ★ 語句の解説 ★

① **kakain**【未】：食べる 〈kumain クマイン〉
③ **may alam**：知っている
④ **kakainin**【未】：(〜を) 食べる 〈kainin カイニン〉
⑤ **bahala**：まかせる
⑦ **tatlo**：3
⑧ **darating**【未】：やって来る 〈dumating ドゥマティン〉

3章 旅行で使えるフレーズ

# 11. レストランで

① メニューをください。

**Pahingi ng menu.**
パヒギ　ナン　メヌー

② 何がおいしいですか？

**Ano ang masarap dito?**
アノ　アン　マサラップ　ディート

③ 何がこのお店のおすすめですか？

**Ano ang specialty ninyo?/**
アノ　アン　スペシャリティ　ニニョ

**Ano ang irerekomenda ninyo?**
アノ　アン　イレレコメンダ　ニニョ

④ シニガンは食べたことがありますか？

**Nakatikim ka na ba ng sinigang?**
ナカティキム　カ　ナ　バ　ナン　シニガン

⑤ アドボとシニガンを注文します。

**Gusto naming umorder ng adobo**
グスト　ナーミン　ウモルデル　ナン　アドボ

**at sinigang.**
アット　シニガン

⑥ 私たちの注文はまだですか？

**Wala pa ba ang inorder namin?**
ワラ　パ　バ　アン　イノルデル　ナーミン

⑦ 私たちの注文を確認してください。
**Paki-follow-up naman ng inorder**
パキ フォローアップ ナマン ナン イノルデル
**namin.**
ナーミン

⑧ これは注文していません。
**Hindi namin ito inorder.**
ヒンディ ナーミン イト イノルデル

⑨ 注文を変えてもいいですか？
**Puwedeng palitan ang order**
プウェデン パリタン アン オルデル
**namin?**
ナーミン

⑩ 精算をお願いします。
**Check please.**
チェック プリーズ

⑪ これを包んでください。
**Pakibalot naman ito.**
パキバロット ナマン イト

⑫ ここにサービス料は含まれていますか？
**Kasama ba rito ang service**
カサーマ バ リート アン サービス
**charge?**
チャージ

⑬ 計算が間違っているようです。
**Mali yata ang kuwenta ninyo.**
マリ ヤータ アン クウェンタ ニニョ

⑭ おつりは取っておいてください。
**Sa inyo na lang ang sukli.**
サ イニョ ナ ラン アン スクリッ

3章　旅行で使えるフレーズ

★　語句の解説　★

① **pahingi**：〜をください
② **masarap**：おいしい
③ **specialty**〔英語〕：おすすめ、**irerekomenda**【基】：（〜を）すすめる
④ **nakatikim**【完】：味見したことがある〈makatikim マカ**ティキ**ム〉、**sinigang**〔フィリピン料理。酸っぱいスープ〕
⑤ **umorder**【基】：注文する〔英語 order の混用〕
⑥ **inorder**【完】：注文した〈orderin オルデ**リ**ン〉
⑦ **paki–follow–up**：フォローアップしてください〔英語 follow–up 借用〕
⑨ **palitan**【基】：（〜を）替える
⑪ **pakibalot**：包んでください
⑫ **kasama**：含まれる
⑬ **mali**：間違っている、間違い、**yata**：〜みたい、〜のようだ、**kuwenta**：計算
⑭ **sukli**：おつり

## コラム：フィリピン料理のメニュー

　フィリピンの食文化は、土着の料理をベースに、中国、スペイン、アメリカや日本などの外国文化の影響を受けて形成・発展してきました。一般的に東南アジアの料理は"スパイシー"というイメージがありますが、フィリピンには辛い料理はほとんどありません。フィリピンで唯一、辛い料理といえば、ココナッツミルクと唐辛子で煮込んで作られる、ビコール地方の**Bicol Express**（ビコール　エクスプレス）や**laing**（ラーイン）ぐらいです。

　フィリピンでポピュラーな家庭料理といえば、**adobo**（アドボ…肉の煮込み料理で日本の豚の角煮のようなもの）、**sinigang**（シニガン…酸味の利いたスープ）、**tinola**（ティノーラ…鶏肉やウリを生姜と煮込んだもの）や**pinakbet**（ピナクベット…ゴウヤ、かぼちゃ、ナスなどをバゴオンで味つけした野菜料理）などがあります。

　**bagoong**（バゴオン）は、アミや魚を塩漬けにして発酵・熟成させてできるフィリピン独特の調味料です。他にバゴオンを使ったポピュラーな料理には、**kare-kare**（カレカレ…オックステールのピーナッツ煮）があります。また、バゴオンは、料理の他、味噌のようにごはんにつけたり、グリーンマンゴーにつけて食べたりもします。

　他には、スペイン料理の影響を受けた**kaldereta**（カルデレータ）、**mechado**（メチャード）、**menudo**（メヌード）、**pochero**（ポチェロ）や**apritada**（アフリターダ）などのトマトソースを使った煮込み料理や、**pansit**（パンシット…焼きそば）、**chopsuy**（チョプスイ…八宝菜）、**lumpia**（ルンピア…春巻き）など、中国料理の影響を受けた料理もポピュラーです。

　パンシットは地域によりバラエティーがあり、またルンピアには揚げ春巻き（**lumpiang shanghai**　ルンピアン・シャンハイ）、生春巻き（**lumpiang sariwa**　ルンピアン・サリワ）、ココヤシの芯の入った春巻き（**lumpiang ubod**　ルンピアン・ウボッド）などがあります。

　フィリピンでは、日本の刺身のように生の魚を食べる習慣はありませんが、生の魚を酢や柑橘類でマリネ状にした**kinilaw**（キニラウ）という料理はあります。新鮮な魚介類は**kinilaw**として食べるほかに

は炭火焼（**inihaw**：イニハウ）にして食べます。醤油とカラマンシー（**kalamansi**…カボスのようなもの）、あるいは酢につけてシンプルに食べます。しかし、現在では日本料理がポピュラーなこともあって、寿司を好んで食べる人が増えています。

### ひとことメモ　フィリピンの調理方法

フィリピン料理には、調理に手間のかかる料理はあまりありません。ほとんどの料理は、食材と調味料を混ぜ合わせて火にかければ出来るものです。フィリピンの家庭料理で見られる調理方法を挙げておきます。

ギサード
**gisado**：にんにく、たまねぎやトマトで炒めたもの
ピニリート　　ブリート
**pinirito** / **prito**：揚げたもの
イニーハウ　　イーハウ
**inihaw** / **ihaw**：炭火で焼いたもの
キニーラウ　　キラーウィン
**kinilaw** / **kilawin**：にんにく、たまねぎ、生姜、トマト、胡椒などと一緒に酢やカラマンシー（カボスのようなもの）に漬けてマリネ状にしたもの
ニラーガ
**nilaga**：煮込み（時にたまねぎと胡椒の実と一緒に）
シニガン
**sinigang**：タマリンドの実で酸っぱく煮込んだもの
ピナクシウ　　パクシウ
**pinaksiw** / **paksiw**：酢、トマト、生姜で調理したもの
イナドボ　　　アドボ
**inadobo** / **adobo**：醤油、酢、にんにくで調理したもの
ギナタン
**ginatan**：ココナッツミルクで調理したもの

　フィリピン料理の多くは、例えば、**sinigang na hipon**（海老のシニガンスープ）や **adobong manok**（鶏肉のアドボ）など、その調理法から名前がついています。

# 12. 観光する（1）

① どこに行きたいですか？

Saan mo ba gustong pumunta?
サアン モ バ グストン プムンタ

どこに行くと良いでしょう？

Saan ba ang magandang puntahan?
サアン バ アン マガンダン プンタハン

② イントラムロスを散策しようよ。

Mamasyal tayo sa Intramuros.
ママシャル ターヨ サ イントラムロス

そこには何があるの？

Ano ang mayroon doon?
アノ アン メロン ドオン

スペイン時代の古い家や教会があります。

May mga lumang bahay at simbahan noong panahon ng Kastila.
マイ マガ ルーマン バーハイ アット シンバーハン ノオン パナホン ナン カスティーラ

③ ここからルネタ公園にはどのように行ったらいいですか？

Paano ang pagpunta sa Luneta Park mula rito?
パアーノ アン パグプンタ サ ルネタ パーク ムラ リート

3章 旅行で使えるフレーズ

④ コレヒドール行きの船乗り場はどこですか？ **Saan ang sakayan ng barko papuntang Corregidor?**
サアン アン サカヤン ナン バルコ パプンタン コレヒドール

⑤ ここから遠いですか？ **Malayo po ba mula rito?**
マラーヨ ポ バ ムラ リート

⑥ 歩いて行けますか？ **Puwedeng lakarin?**
プウェデン ラカーリン

⑦ その場所は危なくないですか？ **Hindi ba delikado ang lugar na iyon?**
ヒンディ バ デリカード アン ルガール ナ イヨン

---

★ 語句の解説 ★

① **pumunta**【基】：行く、**puntahan**【基】：(〜に) 行く
② **mamasyal**【基】：散歩する、**Intramuros**：イントラムロス〔マニラ市にあるスペイン時代の城塞都市〕、**luma**：古い、**bahay**：家、**simbahan**：教会、**noon**：過去を表す、**panahon ng Kastila**：スペイン時代
③ **pagpunta**：行くこと、**Luneta Park**：ルネタ公園〔マニラ市にある噴水のある広大な公園で、フィリピンの国民的英雄ホセ・リサール記念像があることで有名です〕
④ **sakayan**：乗り場、**barko**：船、**papunta**：〜行き、**Corregidor**：コレヒドール島〔マニラ湾の入り口に浮かぶ小島。太平洋戦争中に日本軍と米比連合軍の激戦地となったところで、当時の大砲や要塞などが保存されています〕
⑤ **malayo**：遠い、**mula**：〜から〔起点〕
⑥ **lakarin**【基】：(〜まで) 歩く
⑦ **delikado**：危険な、危ない、**lugar**：場所

# 13. 観光する (2)

① バナウエのライス・テラスに行きたいのですが。

**Gusto naming pumunta sa rice terraces sa Banaue.**
グスト　ナーミン　プムンタ　サ　ライス　テラシィス　サ　バナウエ

② どのように行けばいいですか？

**Paano ang pagpunta doon?**
パアーノ　アン　パグプンタ　ドオン

③ ツアーに参加したいのですが。

**Gusto kong sumali sa tour.**
グスト　コン　スマーリ　サ　トゥアー

④ 観光事務所はありますか？

**May tourist opis ba?**
マイ　トゥリス　オピス　バ

⑤ ここの景色はとてもきれい！

**Ang ganda ng tanawin dito!**
アン　ガンダ　ナン　タナウィン　ディート

⑥ ビサヤ諸島を回ろうよ。

**Maglibot tayo sa Visayas.**
マグリーボット　ターヨ　サ　ビサヤス

⑦ フィリピンにはきれいなビーチがたくさんあります。

**Maraming magagandang beach sa Pilipinas.**
マラミン　マガガンダン　ビーチ　サ　ピリピーナス

136

3章 旅行で使えるフレーズ

⑧ ボラカイ島に行ったことはありますか？　Nakapunta ka na ba sa Boracay?
ナカプン**タ**　カ　ナ　バ　サ　ボラカイ

⑨ スキューバ・ダイビングにトライしてみようよ。　Subukan nating mag–scuba–diving.
ス**ブ**カン　**ナ**ーティン　マグ　ス**クー**バ　ダイビング

⑩ 器具のレンタルはいくらですか？　Magkano ang renta ng mga gamit?
マグ**カー**ノ　アン　**レン**タ　ナン　マ**ガ**　**ガー**ミット

---

## ★ 語句の解説 ★

① **Banaue**：バナウエ〔ルソン島北部山岳地帯の市で、ライステラス（段丘水田）で有名です〕
② **pagpunta**：行くこと、行き方
③ **sumali**【基】：参加する
④ **tourist**：（＝tourist）観光の、**opis**：オフィス、事務所
⑤ **ganda**【語根】：きれい、**tanawin**：景色
⑥ **maglibot**【基】：周遊する、**Visayas**：ビサヤ諸島〔フィリピンの中部に位置し、ルソン島とミンダナオ島とともに、フィリピンの主要な島。きれいなビーチが多いです〕
⑦ **magaganda**：きれいな〔複数を表します〕
⑧ **nakapunta**【完】：行ったことがある〈makapunta マ**カ**プン**タ**〉、**Boracay**：ボラカイ島〔白い砂浜で有名なリゾート地〕
⑨ **subukan**【基】：試す、**mag–scuba–diving**【基】：スキューバ・ダイビングをする
⑩ **renta**：レンタル、**gamit**：器具

# 14. 宗教・文化行事を見る

① フィリピンで有名なフェスティバルは何ですか？

**Ano ang popular na fiesta sa Pilipinas?**
アノ アン ポピュラール ナ フィエスタ サ ピリピーナス

**Ano ang fiestang kilalang kilala sa Pilipinas?**
アノ アン フィエスタン キララン キララ サ ピリピーナス

② どんなフェスティバルがありますか？

**Anong klaseng fiesta ang mayroon?**
アノン クラッセン フィエスタ アン メロン

③ シヌロッグ・フェスティバルを見にセブへ行こうよ。

**Punta tayo sa Cebu para manood ng Sinulog.**
プンタ ターヨ サ セブ パーラ マノオッド ナン シヌロッグ

④ そこで何が見られるの？

**Ano ang makikita doon?**
アノ アン マキキータ ドオン

⑤ その祭りはいつですか？

**Kailan ba iyong fiesta?**
カイラン バ イヨン フィエスタ

⑥ 写真を撮っても大丈夫ですか？

**Puwedeng kunan ng letrato?**
プウェデン クーナン ナン レトラート

3章　旅行で使えるフレーズ

## コラム：フィリピンのフェスティバル

　陽気な人々の多いフィリピンでは、その地域の守護聖人を祝うフィエスタ（**fiesta**　祝祭）や、独自の文化を維持・再興するための祭りなどが各地で行われています。こうした祭りには、必ずといっていいほど美人コンテストや、自分たちの舞踊や伝統文化を前面に出したパレードやストリート・ダンスのコンテストなどが行われ、多くの市民が参加して祭りを盛り上げています。

〈各地の有名な祭り〉
- **Ati-Atihan**（アティアティハン）〔パナイ島アクラン州・カリボ〕時期：1月
- **Sinulog**（シヌログ）〔セブ島セブ市〕　時期：1月
- **Dinagyan**（ディナギャン）〔パナイ島イロイロ市〕　時期：1月
- **Moriones**（モリオネス）〔マリドゥケ島〕　時期：聖週間
- **Cutud Lenten rites**（クトゥッドの儀式）〔ルソン島パンパンガ州・サンフェルナンド市〕　時期：聖週間
- **Pahiyas**（パヒヤス）〔ルソン島ケソン州、ルクバン町〕　時期：5月
- **Pintados**（ピンタドス）〔ボホール島・タクロバン〕　時期：6月
- **Sandugo**（サンドゥゴ）〔ボホール島・タグビララン市〕　時期：7月
- **Kinabayo**（キナバヨ）〔ミンダナオ島北ザンボアンガ州・ダピタン〕　時期：7月
- **Kadayawan**（カダワヤン）〔ミンダナオ島ダバオ市〕　時期：8月
- **Kaamulan**（カアムラン）〔ミンダナオ島ブキドノン市〕　時期：3月
- **Masskara Festival**（マスカラ・フェスティバル）〔ネグロス島バコロド市〕　時期：10月
- **Higantes**（ヒガンテス）〔ルソン島リサール州・アンゴノ〕　時期：11月

---

★　語句の解説　★

① **popular**：有名な、**fiesta**：祭り、**kilalang kilala**：有名な
② **anong klase**：どんな種類の
③ **manood**【基】：見る、**Sinulog**：シヌロッグ・フェスティバル〔全国的に有名なセブの祭りで、1月に開催されます〕
④ **makikita**【未】：見られる〈**makita** マキータ〉
⑥ **kunan**【基】：(写真を) 撮る、**letrato**：写真

# 15. バス・ジープニーに乗る

① 何で行きますか？

**Anong sasakyan natin?**
アノン　ササキャン　ナーティン

② アラバン行きのバス乗り場はどこですか？

**Saan ang sakayan ng bus**
サアン　アン　サカヤン　ナン　ブス
**papuntang Alabang?**
パプンタン　アラバン

③ これはキアポに行きますか？

**Papunta po ba ito sa Quiapo?**
パプンタ　ポ　バ　イト　サ　キアポ

④ 何回、乗り換えますか？

**Ilang sakay?**
イラン　サカイ

⑤ 教会までいくらですか？

**Magkano po hanggang simbahan?**
マグカーノ　ポ　ハンガン　シィンバーハン

⑥ 少し（席を）つめてください。

**Pakiurong lang po nang kaunti.**
パキウーロン　ラン　ポ　ナン　コンティ

⑦ 料金です。

**Bayad po.**
バヤッド　ポッ

⑧ 渡してください。

**Pakiabot naman po.**
パキアボット　ナマン　ポッ

3章 旅行で使えるフレーズ

⑨ まだおつりをもらって
いません。

**Wala pa akong sukli .**
ワラ　パ　アコン　スクリッ

⑩ 止めてください。

**Para po.**
パーラ　ポッ

⑪ 次の角で降ります。

**Bababa po kami sa susunod na**
バババ　ポ　カミ　サ　ススノッド　ナ

**kanto.**
カント

⑫ 市役所のあるところで
降ろしてください。

**Pababain ninyo ako sa may**
パパバイン　ニニョ　アコ　サ　マイ

**munisipyo〔cityhall〕.**
ムニシーピョ　〔シティホール〕

---

★　語句の解説　★

① **sasakyan**：乗り物
② **sakayan**：乗る場所、**papunta**：〜行き
④ **sakay**【語根】：乗ること
⑤ **hanggang**：〜まで、**simbahan**：教会
⑥ **pakiurong**：つめてください
⑦ **bayad**：払うこと、料金
⑧ **pakiabot**：渡してください
⑨ **sukli**：おつり
⑪ **bababa**【未】：降ります〈bumaba ブマバ〉、**sa susunod**：次の、**kanto**：道角
⑫ **pababain**【基】：(〜を) 降ろして、**sa may**：〜のあるところで、**munisipyo**：市役所（＝City Hall）

# 16. 娯楽

① 今日はCCPで何か上演しているかしら？
**May palabas kaya ngayon sa CCP?**
マイ パラバス カヤ ガヨン サ シーシーピー

② コンサートを見ようよ。
**Manood tayo ng concert.**
マノオッド ターヨ ナン コンサート

どこでチケットが買えますか？
**Saan makakabili ng tiket?**
サアン マカカビリ ナン ティケット

③ マニキュアをしてもらおうよ。
**Magpa-manicure tayo!**
マグパ マニキュール ターヨ

爪をきれいにしてもらいたい。
**Gusto kong magpalinis ng kuko.**
グスト コン マグパリニス ナン クコ

④ 私はスパに行きたい。
**Gusto kong pumunta sa spa.**
グスト コン プムンタ サ スパ

⑤ どこで遊ぶ？
**Saan tayo gigimik?**
サアン ターヨ ギギーミック

何して遊ぶ？
**Ano ang gimik natin?**
アノ アン ギミック ナーティン

3章 旅行で使えるフレーズ

⑥ ディスコに行こうよ。　　**Mag–disco tayo.**
　　　　　　　　　　　　　マグ　ディスコ　ターヨ

　カラオケに行こうよ。　　**Mag–karaoke tayo.**
　　　　　　　　　　　　　マグ　カラオケ　ターヨ

⑦ 踊りは上手ですか？　　　**Marunong ka bang sumayaw?**
　　　　　　　　　　　　　マルーノン　カ　バン　スマ**ヤ**ウ

　歌うのは上手ですか？　　**Marunong ka bang kumanta?**
　　　　　　　　　　　　　マルーノン　カ　バン　クマン**タ**

⑧ みんなで飲もうよ。　　　**Mag–inuman tayo.**
　　　　　　　　　　　　　マグ　イ**ヌ**ーマン　ターヨ

　みんなで踊ろうよ。　　　**Magsayawan tayo.**
　　　　　　　　　　　　　マグサ**ヤ**ーワン　ターヨ

⑨ ライブバンドのいるバ　　**Punta tayo sa bar na may banda.**
　ーに行こうよ。　　　　　プン**タ**　ターヨ　サ　バール　ナ　マイ　バンダ

---

★ 語句の解説 ★

① **palabas**：（映画・舞台芸術などの）ショー、上演、
　**CCP**（**Cultural Center of the Philippines**）：フィリピン文化センター
　〔フィリピンを代表する劇場〕
② **concert**〔英語〕：コンサート、**makakabili**【未】：買える〈makabili マ**カ**ビリ〉、**tiket**：チケット
③ **magpa–manicure**【基】：magpa–（〜してもらう）+ manicure（マニキュア）、**magpalinis**【基】：magpa–（〜してもらう）+ linis（きれいにする）、**kuko**：爪
⑤ **gigimik**【未】：遊ぶ、（娯楽に）出かける〈gumimik グ**ミ**ーミック〉、
　**gimik**：遊ぶこと、（娯楽に）出かけること
⑦ **marunong**：できる、**sumayaw**【基】：踊る、**kumanta**【基】：歌う
⑧ **mag–inuman**【基】：みんなで飲む（cf. 単に"飲む"ときは uminom）、
　**magsayawan**【基】：みんなで踊る（cf. 単に"踊る"ときは sumayaw）
⑨ **punta**【語根】：行く、**bar**〔英語〕：バー、**banda**：ライブバンド

## コラム：フィリピンの伝統文化―フィリピン民族舞踊

　フィリピンには、他の東南アジア諸国のように、一国の文化を象徴するような古代遺跡などはありませんが、各地にフィリピンの地理的・歴史的背景を反映したユニークな舞踊や音楽などが存在します。こうした各地の多彩な舞踊・音楽を集め、舞台化したものが「フィリピン民族舞踊（**Philippine Folkdance**）」です。フィリピン民族舞踊の典型的なプログラムは、主に次の5つのパートから構成されています。

---

**Cordillera**（コルディリエラ）

　ルソン島北部の山岳民族（コルディリエラ）の踊りを集めたパートです。男性がふんどしや鳥の羽の頭飾りなどを着用して踊るのが特徴的です。この地域は、かつて首狩りが行われていたことでも知られています。踊りはシンプルで、日常の生活を描写したものや身近な動物の動きを真似たものが多く、ゴングや竹で出来た打楽器に合わせて踊ります。中でも、女性が頭に壺やバスケットを載せて踊る踊りはよく知られています。

---

**Maria Clara**（マリア・クラーラ）

　マリア・クラーラとは、国民的英雄ホセ・リサールの小説に出てくるヒロインの名前ですが、今では、スペイン風のドレスの名称として使われるとともに、スペインをはじめとする西洋諸国の影響を受けた民族舞踊の総称としても使われています。**Rondalla**（ロンダリア）と呼ばれる弦楽器楽団の演奏に合わせて踊られます。

---

**Mindanao Muslim**（ミンダナオ・ムスリム）

　ミンダナオ島内陸部とスールー諸島に住むイスラム教徒の踊りの総称です。**kulintang ensemble**（クリンタン・アンサンブル）と呼ばれるインドネシアのガムランのような楽器の演奏に合わせて踊ります。女性の踊りは、東南アジア特有の手首や腕の関節の柔らかさを強調したものが多いですが、男性の踊りは、模擬戦闘や武芸的なものが多いのが特徴です。イスラム教信仰のため、衣装は肌を露出しないものが

3章　旅行で使えるフレーズ

多いですが、男女問わず、きらびやかなものを好みます。交差させた2組の竹をたたき、1組の男女のペア（プリンスとプリンセス）がその間に入って踊る **Maranao**（マラナオ）族の **Singkil**（シンキル）は、フィリピンの代表的な踊りの1つです。

**Lumad**（ルーマッド）
　ミンダナオ島やパラワン島に住むキリスト教徒でもイスラム教徒でもない土着民族（ルーマッド）の踊りの総称です。儀礼的なものや部族の美徳や教え、神話などを物語ったストーリー性の高い舞踊が多く見られ、ゴングやクリンタン、竹で出来た打楽器などに合わせて踊られます。ミンダナオ島のティボリ族、バゴボ族やマノボ族の間では、刺繍やパッチワーク、染織技術が発達し、特に女性は細かいビーズのアクセサリーを多用し、きれいに着飾っています。また衣装に **abaca**（マニラ麻）なども使用しています。

**Rural**（ルーラル）
　農村部の村祭りなどで娯楽や余興として踊られる踊りを紹介し、のどかで陽気なフィリピンの田園風景を描写しています。西洋文化がより大衆化し、土着の文化と深く融合して形成されたユニークな文化が表現されています。ワインやキャンドルを入れたグラスを頭と両手でバランスを取りながら踊る **Binasuan**（ビナスーアン）や **Pandanggo sa Ilaw**（パンダンゴ・サ・イーラウ）、ココナッツの殻を体につけ、その殻をたたきながら踊る **Maglalatik**（マグララティック）、アヒルや鳩の動きを真似た **Itik–itik**（イティック・イティック）や **Kalapati**（カラパティ）などは有名です。中でも、**tikling**（ティクリン）と呼ばれる鳥に扮して、足を挟まれずに竹の間を行ったり来たりして踊る **Tinikling**（ティニクリン）はフィリピンを代表する踊りです。**Rondalla** の演奏に合わせて踊られます。

　フィリピン民族舞踊は、このようなフィリピン文化の多様性を表現するとともに、フィリピンの西洋植民地の歴史、また、東洋と西洋の文化要素が「融合」または「共存」している姿をも象徴しています。

# 17. 病院・薬局に行く

① どうしたの？　　　　　**Anong nangyari sa iyo?**
　　　　　　　　　　　　アノン　ナンヤーリ　サ　イヨ

② 下痢をしています。　　**Nag–e LBM ako.** /
　　　　　　　　　　　　ナグ　エ　エルビーエム　アコ
　　　　　　　　　　　　**Nagtatae ako.**
　　　　　　　　　　　　ナグタタエ　アコ

③ 足をケガしました。　　**Nasugatan ako sa paa.**
　　　　　　　　　　　　ナスガータン　アコ　サ　パア

④ 犬にかまれました。　　**Kinagat ako ng aso.**
　　　　　　　　　　　　キナガット　アコ　ナン　アーソ
　虫に刺されました。　　**Kinagat ako ng insekto.**
　　　　　　　　　　　　キナガット　アコ　ナン　インセクト
　蚊に刺されました。　　**Nilamok ako.**
　　　　　　　　　　　　ニラモック　アコ

⑤ アレルギーがあります。**May allerdy ako.**
　　　　　　　　　　　　マイ　アラジー　アコ

⑥ 風邪がうつりました。　**Nahawahan ako ng sipon.**
　　　　　　　　　　　　ナハワハン　アコ　ナン　シィポン

3章　旅行で使えるフレーズ

⑦ 私たちを病院に連れて行ってください。

**Dalhin ninyo kami sa ospital.**
ダル**ヒ**ン　ニ**ニョ**　カミ　サ　オス**ピ**タル

⑧ ここに日本語の話せる医者はいますか？

**May doktor ba rito na marunong**
マイ　ドク**トー**ル　バ　**リー**ト　ナ　マ**ルー**ノン

**mag–Hapon?**
マグ　ハ**ポ**ン

⑨ 薬がほしいのですが。

**Gusto ko ng gamot.**
**グ**スト　コ　ナン　ガ**モッ**ト

熱のための薬はありますか？

**May gamot ba kayo para sa**
マイ　ガ**モッ**ト　バ　カ**ヨ**　**パー**ラ　サ

**lagnat?**
ラグ**ナッ**ト

---

★　語句の解説　★

① **nangyari**【完】：起こった〈mangyari マンヤーリ〉
② **LBM**（Lose Bowel Movement）：下痢、**nagtatae**【継】：下痢をしている〈magtae マグタエ〉
③ **nasugatan**【完】：ケガをした〈masugatan マスガータン〉、**paa**：足
④ **kinagat**【完】：かまれた、刺された〈kagatin カガティン〉、**aso**：犬、**insekto**：虫、**nilamok**【完】：蚊に刺された〈lamukin ラムキン〉
⑤ **allerdy**：アレルギー
⑥ **nahawahan**【完】：伝染した、うつった〈mahawahan マハワハン〉、**sipon**：風邪
⑦ **dalhin**【基】：（〜を）連れて行く、連れて来る、**ospital**：病院
⑧ **doktor**：医者、**mag–Hapon**【基】：日本語を話す
⑨ **gamot**：薬、**lagnat**：熱

# 18. 注意する

① かばんに気をつけて。

**Ingatan mo ang bag mo.**
イガータン モ アン バッグ モ

かばんが開いてるよ。

**Nakabukas ang bag mo.**
ナカブカス アン バッグ モ

② 気をつけて通りを渡って。

**Mag–ingat kayo sa pagtawid sa kalye.**
マグインガット カヨ サ パグタウィッド サ カリエ

③ 夜、タクシーに乗るのは気をつけて。

**Mag–ingat kayo sa pagsakay ng taksi sa gabi.**
マグインガット カヨ サ パグサカイ ナン タクシー サ ガビ

④ タクシーの中で眠ってはだめだよ。

**Huwag kang matutulog sa loob ng taxi.**
フワッグ カン マトゥトゥーログ サ ロオップ ナン タクシー

⑤ 危ないので、あそこに行ってはだめだよ。

**Huwag kang pumunta doon, kasi delikado.**
フワッグ カン プムンタ ドオン カシ デリカード

3章　旅行で使えるフレーズ

⑥ だまそうとする人に気をつけて。　**Mag-ingat ka sa manloloko.**
マグインガット　カ　サ　マンロローコ

★　語句の解説　★

① **ingatan**【基】：(〜を・〜に) 気をつける、**nakabukas**：開いている
② **mag-ingat**【基】：気をつける、**pagtawid**：横断すること、**kalye**：通り
③ **pagsakay**：乗ること、**taksi**：タクシー、**gabi**：夜
④ **matutulog**【未】：眠る〈matulog マトゥーロッグ〉、**sa loob ng**：〜の中で
⑤ **delikado**：危険だ
⑥ **manloloko**：だます人

# 19. トラブルにあったとき

① 助けてください。　　**Tulungan ninyo ako.**
　　　　　　　　　　　トゥルーガン　ニニョ　アコ

② 泥棒！　　　　　　　**Magnanakaw!**
　　　　　　　　　　　マグナナーカウ

　あの男性を追いかけて　**Habulin ninyo iyong mama.**
　ください！　　　　　ハブリン　ニニョ　イヨン　マーマ

③ 財布が盗まれました。　**Ninakaw ang pitaka ko.**
　　　　　　　　　　　ニナーカウ　アン　ピターカ　コ

④ すりに遭いました。　　**Nadukutan ako.**
　　　　　　　　　　　ナドゥクータン　アコ

　携帯を盗られました。　**Na-snatch ang cellphone ko.**
　　　　　　　　　　　ナ　スナッチ　アン　セルフォン　コ

⑤ 路上でピストル〔ナイ　**Na-hold-up ako sa kalsada.**
　フ〕を突きつけられ、　ナ　ホールダープ　アコ　サ　カルサーダ
　物を盗られました。

3章　旅行で使えるフレーズ

⑥ 警察を呼んでください。　**Pakitawag naman ang pulis.**
パキターワッグ　ナ**マ**ン　アン　プ**リ**ス

⑦ パスポートをなくしました。　**Nawala ang pasaporte ko.**
ナ**ワ**ラ　アン　パサ**ポ**ルテ　コ

---

★　語句の解説　★

① **tulungan**【基】：（〜を）助ける
② **magnanakaw**：泥棒、**habulin**【基】：（〜を）追う、捕まえる、**mama**：見知らぬ男性
③ **ninakaw**【完】：盗まれた〈nakawin ナ**カ**ーウィン〉、**pitaka**：財布
④ **nadukutan**【完】：すられた〈madukutan マドゥ**ク**ータン〉、**na-snatch**【完】：不意にひったくられた、抜き盗られた〈ma-snatch〉
⑤ **na-hold-up**【完】：ホールド・アップされた、銃などを突きつけられて物を盗られた、**kalsada**：通り、道
⑥ **pakitawag**：（〜を）呼んでください、**pulis**：警察
⑦ **nawala**【完】：なくなった〈mawala マ**ワ**ラ〉、**pasaporte**：パスポート

## 4章

# 在日フィリピン人と話せるフレーズ

# 1. スーパーマーケットで

① 手伝いましょうか？　　**Kailangan ba ninyo ng tulong?**
　　　　　　　　　　　　カイラーガン　バ　ニニョ　アン　トゥーロン

② 何を探しているのですか？　**Ano ang hinahanap ninyo?**
　　　　　　　　　　　　アノ　アン　ヒナハーナップ　ニニョ

　しょう油を探しているのですが。　**Toyo ang hinahanap ko.**
　　　　　　　　　　　　トーヨ　アン　ヒナハーナップ　コ

③ ココナッツミルクは置いていますか？　**Mayroon ba kayong gata?**
　　　　　　　　　　　　メロン　バ　カヨン　ガタッ

④ いくつ必要ですか？　**Ilan ang kailangan ninyo?**
　　　　　　　　　　　　イラン　アン　カイラーガン　ニニョ

⑤ 売り切れました。　**Naubusan na po.**
　　　　　　　　　　　　ナウブーサン　ナ　ポッ

⑥ 在庫がありません。　**Wala kaming paninda.**
　　　　　　　　　　　　ワラ　カミン　パニンダ

⑦ それはどこで買えますか？　**Saan po mabibili iyon?**
　　　　　　　　　　　　サアン　ポ　マビビリ　イヨン

4章　在日フィリピン人と話せるフレーズ

⑧ 注文しますか？　　　**Gusto ninyong mag-order?**
　　　　　　　　　　　グスト　ニニョン　マグオルダール

### ひとことメモ　フィリピン人海外就労者

　世界各地どこにでもフィリピン人がいると言っていいほど、フィリピン人は世界各国で働いています。英語の話せるフィリピン人にとっては、十分な給与・雇用機会を得ることのできないフィリピン国内で仕事を探すより、海外に出稼ぎに出たほうがより収入を得られるからです。こうしたフィリピン人海外労働者（**OFW：Overseas Filipino Workers**）の職業は、受け入れ先の国により、家政婦、エンターテイナー、建設労働者、船員、教師、看護士・介護士、技術者など様々です。

　彼らはたいてい給料の一部を毎月、本国の家族に送金し、家計を支えます。フィリピン経済は、こうした **OFWs** が送金する外貨に大きく依存しており、そのため政府も「労働力輸出」の増加へ積極的に取り組んでいます。家族を本国に残し、他国で家族のため、国のために働く **OFWs** は「現代のヒーロー」と称されるほどです。

★　語句の解説　★

① **tulong**：助け
② **hinahanap**【継】：探している〈hanapin ハナーピン〉、**toyo**：しょう油
③ **gata**：ココナッツミルク
⑤ **naubusan**【完】：売り切れた〈maubusan マウブーサン〉
⑥ **paninda**：在庫
⑦ **mabibili**【未】：買える〈mabili マビリ〉
⑧ **mag-order**【基】：注文する

## 2. 銀行・郵便局で

① ご用件は何ですか？　　**Ano po ng kailangan ninyo?**
アノ　ポン　カイラーガン　ニニョ

② これをフィリピンに送りたいのですが。　　**Gusto ko pong ipadala ito sa Pilipinas.**
グスト　コ　ポン　イパダラ　イト　サ　ピリピーナス

マニラに送金したいのですが。　　**Gusto ko pong magpadala ng pera sa Manila.**
グスト　コ　ポン　マグパダラ　ナン　ペーラ　サ　マニラ

③ この中身は何ですか？　　**Ano po ang laman nito?**
アノ　ポ　アン　ラマン　ニト

④ これを書いてください。　　**Pakisulatan lang po ito.**
パキスラータン　ラン　ポ　イト

このフォームに記入してください。　　**Paki-"fill-up"an po ang porm na ito.**
パキ　フィルアパン　ポ　アン　ポルム　ナ　イト

⑤ 身分証明書を見せてください。　　**Patingin po ng ID ninyo.**
パティギン　ポ　ナン　アイディー　ニニョ

4章　在日フィリピン人と話せるフレーズ

| 他の身分証明書をお持ちですか？ | **May dala po kayong ibang ID?**<br>マイ　ダラ　ポ　カヨン　イバン　アイディー |

⑥ 今日、通帳をお持ちですか？　**May dala po kayong bankbook ngayon?**
マイ　ダラ　ポ　カヨン　バンクブック　ガヨン

⑦ お名前をお呼びします。　**Tatawagin na lang po ang pangalan ninyo.**
タタワーギン　ナ　ラン　ポ　アン　パガラン　ニニョ

⑧ 席に座ってお待ちください。　**Maupo muna kayo at pakihintay lang po.**
マウポ　ムーナ　カヨ　アット　パキヒンタイ　ラン　ポッ

⑨ お待たせいたしました。　**Pasensya na po at pinaghintay ko kayo.**
パセンシャ　ナ　ポ　アット　ピナグヒンタイ　コ　カヨ

⑩ ここに署名してください。　**Pakipirmahan po ito.**
パキピルマハン　ポ　イト

## ★ 語句の解説 ★

② **ipadala**【基】：（〜を）送る、**magpadala**【基】：送る
③ **laman**：中身
④ **pakisulatan**：（〜に）書いてください、**paki-"fill-up"an**：記入してください〔英語 fill up の混用〕、**porm**：フォーム
⑤ **patingin**：見せてください、**iba**：他の、違う
⑥ **bankbook**〔英語〕：通帳
⑦ **tatawagin**【未】：（〜を）呼ぶ〈tawagin タワーギン〉、**pangalan**：名前
⑧ **maupo**：座る、**muna**：まず、とりあえず、**pakihintay**：お待ちください
⑨ **pasensya at**：〜してすみません、**pinaghintay**【完】：待たせた〈paghintayin パグヒンタイン〉
⑩ **pakipirmahan**：（〜に）サイン〔署名〕してください

4章 在日フィリピン人と話せるフレーズ

## コラム：キリスト教国フィリピンの「家族」

　フィリピンの「家族」は、都市部では基本的には核家族ですが、その在り方はとても様々です。宗教上、中絶は認められていないため、恋人との間に子供が出来てしまった場合、たとえ未成年でも多くの女性は子供を産むという選択をします。また、カトリック教徒は離婚が認められていません。裁判所で「婚姻無効（**annulment**：結婚をなかったことにすること）」の手続きをすることはできますが、時間がかかり、精神的な負担が多い上に、多大な費用がかかるため、正式な手続きを踏まず、別居することで事実上「別れる」夫婦も多いのです。

　未婚のシングルマザーや、親が別居しているケース、また親が海外に出稼ぎに出ている家庭は、経済的・養育上の理由から、親の実家、もしくは親族の家に身を寄せていたりします。また、就職や勉学のため地方から上京した親族の子供を預かり、一緒に住んでいる家庭もあります。さらに、住み込みの家政婦がいる家では、その子供までもが雇い主の家に居候することさえあります。このようにフィリピンでは、核家族以外の人と一緒に住み、子供は自分の親以外の人に育てられることも珍しくありません。

　フィリピンの、とりわけ低・中所得者層の家族・親族は、お互い助け合って生きていく「相互扶助」の関係を築いていることが多く、彼らにとっては、経済的に余裕のある人が、自分より苦しい状況にある親族を助けるのは当たり前のこととしてとらえる文化があります。ですから経済的な援助を求められると、なかなか断れないというのが現状です。海外就労者はもちろんのこと、日本人と結婚して日本に住むフィリピン人も毎月、本国の家族や親族に送金し、家計を助けています。そして、本国に帰る際には、できるだけ多くの現金やお土産を持ち帰ることが期待されています。

# 3. 市役所などで (1)

① これが申請書です。

**Ito po ang aplikasyon porm.**
イト ポ アン アプリカション ポルム

② よく読んで、この書類に記入してください。

**Pakibasa nang mabuti, at**
パキバーサ ナン マブーティ アット
**pakisulatan itong porm.**
パキスラータン イトン ポルム

③ これが必要書類の書かれたリストです。

**Ito ang listahan ng mga**
イト アン リスターハン ナン マガ
**dokumento na kinakailangan ninyo.**
ドクメント ナ キナカイラーガン ニニョ

④ 手続きにはどのくらい時間がかかりますか？

**Gaano po katagal ang proseso?**
ガアノ ポ カタガル アン プロセーソ

⑤ いつ受け取れますか？

**Kailan ko po makukuha iyon?**
カイラン コ ポ マククーハ イヨン

⑥ 明日、受け取れますよ。

**Bukas ninyo makukuha.**
ブーカス ニニョ マククーハ

⑦ 明日、取りに来てください。

**Balikan ninyo ito bukas.**
バリカン ニニョ イト ブーカス

4章　在日フィリピン人と話せるフレーズ

⑧ 次回来るとき、パスポートを持って来てください。
**Pakidala po ang pasaporte pagbalik mo.**
パキダラ　ポ　アン　パサポルテ　パグバリック　モ

⑨ 足りない書類があります。
**May kulang kayo na dokumento.**
マイ　クーラン　カヨ　ナ　ドクメント

⑩ 先に支払いしてください。
**Magbayad muna kayo.**
マグバーヤッド　ムーナ　カヨ

---

### ★　語句の解説　★

① **aplikasyon porm**：（= application form）申請書
② **pakibasa**：読んでください、**nang mabuti**【副】：よく、**pakisulatan**：（～を）記入してください
③ **listahan**：リスト、**dokumento**：書類、**kinakailangan**【継】：（～を）必要としている〈kailanganin　カイラガーニン〉
④ **proseso**：手続き
⑤ **makukuha**【未】：（～が）手に入る〈makuha　マクーハ〉
⑦ **balikan**【基】：～（物）のため戻って来る
⑧ **pakidala**：持って来てください、**pasaporte**：パスポート、**pagbalik**：戻って来るとき
⑨ **kulang**：足りない
⑩ **magbayad**【基】：支払う

161

# 4. 市役所などで (2)

① あなたはまず外国人登録が必要です。

**Kailangan ninyong magparehistro**
カイラーガン　ニニョン　マグパレヒストロ
**muna ng alien card.**
ムーナ　ナン　エイリアン　カード

② 住所が変わったら報告してください。

**Mag-report kayo kapag nagbago**
マグ　レポート　カヨ　カパグ　ナグバーゴ
**ang tinitirahan ninyo.**
アン　ティニティラハン　ニニョ

③ 結婚するためには何をする必要がありますか？

**Ano po ang kailangang gawin para**
アノ　ポ　アン　カイラーガン　ガウィン　パーラ
**magpakasal kami?**
マグパカサル　カミ

④ 婚姻の届出をしてください。

**Dapat kayong magparehistro ng**
ダーパット　カヨン　マグパレヒストロ　ナン
**kasal ninyo.**
カサル　ニニョ

離婚の届出をしてください。

**Dapat kayong magparehistro ng**
ダーパット　カヨン　マグパレヒストロ　ナン
**diborsyo ninyo.**
ディボルショ　ニニョ

4章 在日フィリピン人と話せるフレーズ

⑤ ここに申請者本人が来ないといけません。
**Aplikante mismo ang kailangang pumunta rito.**
アプリカンテ ミスモ アン カイラーガン プムンタ リート

⑥ 子供が産まれたら、届出をしてください。
**Kung nanganak kayo, ipaalam ninyo sa munisipyo.**
クン ナガーナック カヨ イパアラム ニニョ サ ムニシィーピョ

⑦ フィリピン大使館で申請してください。
**Mag-apply muna kayo sa Embahada ng Pilipinas.**
マグアプライ ムーナ カヨ サ エンバハーダ ナン ピリピーナス

⑧ 大使館に聞いてください。
**Pakitanong lang po sa embahada ninyo.**
パキタノン ラン ポ サ エンバハーダ ニニョ

⑨ 日本での生活に何か問題はありますか？
**May problema ba kayo sa pamumuhay sa Japan?**
マイ プロブレーマ バ カヨ サ パムムーハイ サ ジャパン

⑩ もし何か問題があれば、市役所に相談してください。
**Pag may problema, puwede kayong kumunsulta sa munisipyo.**
パグ マイ プロブレーマ プウェデ カヨン クムンスルタ サ ムニシーピョ

> ★ 語句の解説 ★
>
> ① **magparehistro**【基】：登録する、届け出る、**muna**：まず、先に、**alien card**：外国人登録証
> ② **mag–report**【基】：報告する、届ける、**kapag**：もし〜したら、**nagbago**【完】：変わった〈magbago マグバーゴ〉、**tinitirahan**：住所、住んでいる所
> ③ **kailangang gawin**：〜をする必要
> ④ **kasal**：結婚、**diborsyo**：離婚
> ⑤ **aplikante**：申請者、**mismo**：自身
> ⑥ **nanganak**【完】：子供を産んだ〈manganak マガーナック〉、**ipaalam**【基】：知らせる、報告する
> ⑦ **mag–apply**【基】：申請する
> ⑨ **pamumuhay**：生活
> ⑩ **pag**：もし〜したら、**kumunsulta**【基】：相談する

# 5. 学校で

① これを両親に渡してね。　**Pakibigay naman ito sa magulang mo.**
パキビガイ　ナマン　イト　サ　マグーラン　モ

② これは大事です。　**Importante ito.**
インポルタンテ　イト

　大事なお知らせです。　**Importante itong impormasyon.**
インポルタンテ　イトン　インポルマション

③ 明日、給食費を持ってくるように。　**Pakidala ang pambayad ng school meal bukas.**
パキダラ　アン　パンバーヤッド　ナン　スクール　ミール　ブーカス

④ これらが明日、必要な持ち物です。　**Ito po ang mga dapat ninyong dalhin bukas.**
イト　ポ　アン　マガ　ダーパット　ニニョン　ダルヒン　ブーカス

⑤ 忘れないで。　**Huwag kang makakalimot.**
フワッグ　カン　マカカリモット

|  |  |
|---|---|
| 宿題を忘れないように。 | **Huwag mong kakalimutan ang assignment.**<br>フワッグ モン カカリムータン アン<br>アサインメント |
| ⑥ 何か質問はありますか？ | **May tanong ba kayo?**<br>マイ タノン バ カヨ |
| ⑦ どういうことですか？（どういう意味ですか？） | **Anong ibig mong sabihin?**<br>アノン イービッグ モン サビーヒン |
| ⑧ わかりましたか？ | **Nagkaintindihan ba tayo?**<br>ナグカインティンディハン バ ターヨ |
| ⑨ 来週、テストがあります。 | **May iksam tayo sa isang linggo.**<br>マイ イクサム ターヨ サ イサン リンゴ |
| ⑩ 本を図書館に返してください。 | **Pakisauli ang librong hiniram ninyo sa aklatan.**<br>パキソーリ アン リブロン ヒニラム<br>ニニョ サ アクラータン |
| ⑪ 気をつけて帰ってください。 | **Mag-ingat kayo sa pag-uwi ninyo.**<br>マグインガット カヨ サ パグ ウウィ ニニョ |
| ⑫ まっすぐ家に帰るように。 | **Dumiretso kayo sa bahay.**<br>ドゥミレーチョ カヨ サ バーハイ |

4章 在日フィリピン人と話せるフレーズ

⑬ 知らない人について行かないように。　**Huwag kayong sasama sa taong**
フワッグ　カヨン　ササーマ　サ　ターオン
**hindi ninyo kilala.**
ヒンディ　ニニョ　キララ

---

★　語句の解説　★

① **pakibigay**：渡してください、あげてください、**magulang**：親
② **importante**：重要な、**impormasyon**：お知らせ、情報
③ **pakidala**：持って来てください、**pambayad**：支払い、支払うお金、**school meal**〔英語〕：給食
④ **dapat**：～すべき、**dalhin**【基】：持って来る
⑤ **makakalimot**【未】：(不本意に) 忘れる〈makalimot マカリモット〉、**kakalimutan**【未】：(～を) 忘れる〈kalimutan カリムータン〉、**assignment**〔英語〕：宿題
⑥ **tanong**：質問
⑦ **ibig**：～したい、**sabihin**【基】：(～を) 言う
⑧ **nagkaintindihan**【完】：(お互いに) わかりあった〈magkaintindihan マグカインティンディハン〉
⑨ **iksam**：テスト、試験、**sa isang linggo**：来週
⑩ **pakisauli**：返してください、**libro**：本、**hiniram**【完】：(～を) 借りている〈hiramin ヒラミン〉、**aklatan**：図書館
⑪ **mag–ingat**【基】：気をつける、**pag-uwi**：帰り、帰ること
⑫ **dumiretso**【基】：まっすぐ行く、まっすぐ向かう、**bahay**：家
⑬ **sasama**【未】：ついて行く、**tao**：人、**kilala**：(人を) 知っている

# 6. 病院で

① どうしましたか？

**Anong nangyari sa iyo?**
アノン　ナンヤーリ　サ　イヨ

② 気分はどうですか？

**Ano ang pakiramdam mo?**
アノ　アン　パキランダム　モ

③ 先生にどこを診てもらいたいのですか？

**Ano ang nais mong patingnan sa doktor?**
アノ　アン　ナイス　モン　パティグナン　サ　ドクトール

④ どこが痛いですか？

**Ano ang masakit sa iyo?**
アノ　アン　マサキット　サ　イヨ

⑤ 今日が初めての来院ですか？

**Ngayon lang kayo nakabisita sa ospital na ito?**
ガヨン　ラン　カヨ　ナカビジータ　サ　オスピタル　ナ　イト

⑥ 診察券はお持ちですか？

**May dala kayong patient ID card?**
マイ　ダラ　カヨン　ペイシェント　アイディー　カード

4章　在日フィリピン人と話せるフレーズ

⑦ 健康保険はあります
か？

**May insyurans pangkalusugan ba**
マイ　インシュランス　パンカルスーガン　バ
**kayo?**
カヨ

⑧ 問診表を記入してください。

**Fill-upan ninyo ang medical**
フィルアパン　ニニョ　アン　メディカル
**questionnaire.**
クエスチョネア

⑨ こちらにお入りください。

**Pasok kayo rito.**
パーソック　カヨ　リート

⑩ お呼びしますので、待合室でお待ちください。

**Tatawagin kayo. Maghintay muna**
タタワーギン　カヨ　マグヒンタイ　ムーナ
**kayo sa silid-hintayan.**
カヨ　サ　シリッドヒンタヤン

⑪ 次の診察日は2週間後です。

**Sa susunod na pagpapatingin ay**
サ　ススノッド　ナ　パグパパティギン　アイ
**pagkaraan ng dalawang linggo.**
パグカラアン　ナン　ダラワン　リンゴ

⑫ 処方箋です。

**Ito po ang reseta.**
イト　ポ　アン　レセータ

169

⑬ 薬は1日3回、食後に飲んでください。

**Inumin ninyo itong gamot tatlong**
イヌミン　ニニョ　イトン　ガモット　タトゥロン

**beses sa isang araw pagkatapos**
ベーセス　サ　イサン　アーラウ　パグカターポス

**kumain.**
クマイン

---

★　語句の解説　★

① **nangyari**【完】：起こった、あった〈mangyari マンヤーリ〉
② **pakiramdam**：気分
③ **patingnan**【基】：診察してもらう
④ **masakit**：痛い
⑤ **nakabisita**：訪れた〈makabisita マカビジータ〉、**ospital**：病院
⑥ **may dala**：〜を持っている、**patient ID card**〔英語〕：診察券
⑦ **insyurans pangkalusugan**：(＝health insurance) 健康保険
⑧ **fill–upan**【基】：(〜を) 記入する〔英語 fill–up より〕、
　**medical questionnaire**〔英語〕：問診表
⑨ **pasok**【語根】：中に入る
⑩ **tatawagin**【未】：(〜を) 呼ぶ〈tawagin タワーギン〉、**maghintay**【基】：待つ、**silid–hintayan**：(＝waiting room) 待合室
⑪ **sa susunod na〜**：次の〜、**pagpapatingin**：診察
⑫ **reseta**：処方箋
⑬ **inumin**【基】：(〜を) 飲む、**gamot**：薬、**beses**：〜回、**isang araw**：1日、**pagkatapos**：〜の後、**kumain**【基】：食べる

## 7. 住まいで (1)

① ここにゴミを捨ててはいけません。
**Bawal magtapon ng basura dito.**
バーワル マグターポン ナン バスーラ ディート

② ゴミは指定の日に指定の場所に捨ててください。
**Pakitapon ang basura sa tamang araw sa tamang lugar.**
パキターポン アン バスーラ サ ターマン アーラウ サ ターマン ルガール

③ 月曜日は燃えるゴミの回収日です。
**Lunes ang pangongolekta ng mga basurang puwedeng sunugin.**
ルーネス アン パゴゴレクタ ナン マガ バスーラン プウェデン スヌーギン

④ 燃えないゴミの回収日は木曜日です。
**Ang araw ng pangongolekta ng basurang hindi puwedeng sunugin ay Huwebes.**
アン アーラウ ナン パゴゴレクタ ナン バスーラン ヒンディ プウェデン スヌーギン アイ フウェベス

⑤ ゴミ袋を使ってください。
**Gamitin ninyo ang plastik bag na pambasura.**
ガミーティン ニニョ アン プラスティック バッグ ナ パンバスーラ

⑥ 4月からゴミの出し方が変わります。

**Simula Abril, magbabago ang**
シィム**ラ** ア**ブ**リル　マグバ**バ**ーゴ　アン

**sistema ng pagtatapon ng basura.**
シス**テ**ーマ　ナン　パグ**タ**ターポン　ナン　バ**ス**ーラ

---

### ★ 語句の解説 ★

① **bawal**：〜してはいけない〔禁止を表します〕、**magtapon**【基】：捨てる、**basura**：ゴミ
② **pakitapon**：捨ててください、**tama**：正しい、**araw**：日、**lugar**：場所
③ **pangongolekta**：回収すること、**puwedeng sunugin**：燃やせる
④ **hindi puwedeng sunugin**：燃やせない
⑤ **gamitin**【基】：(〜を) 使う、**plastik bag**：ビニール袋、**pambasura**：ゴミ用の
⑥ **simula**：〜から、**Abril**：4月、**magbabago**【未】：変わる〈magbago マグ**バ**ーゴ〉、**sistema**：システム、**pagtatapon**：捨てること

# 8. 住まいで (2)

① 天井から水が漏れています。
**Tumutulo ang tubig sa kisame.**
トゥムトゥーロ アン トゥービッグ サ キサメ

② エアコンが壊れたみたいです。
**Parang sira ang air-con.**
パーラン シラ アン エア コン

③ どのように壊れましたか？
**Paano iyon nasira?**
パアーノ イヨン ナシィラッ

④ まず、どんな状況かを見ます。
**Titingnan ko po muna ang**
ティティグナン コ ポ ムーナ アン
**kondisyon〔lagay〕.**
コンディション 〔ラガイ〕

⑤ いつ伺っていいですか？
**Kailan po ba ako puwedeng**
カイラン ポ バ アコ プウェデン
**bumisita sa inyo?**
ブミシータ サ イニョ

いつが都合いいですか？
**Kailan kayo puwede?**
カイラン カヨ プウェデ

⑥ おそらく修理が必要です。
**Siguro kailangan ipaayos iyon.**
シグロ カイラーガン イパアーヨス イヨン

⑦ 修理業者に電話します。　**Tatawagan ko ang tagapag-ayos.**
　　　　　　　　　　　　タタワーガン　コ　アン　タガパグアーヨス

⑧ 不便をかけてすみません。　**Pasensya na po sa abala.**
　　　　　　　　　　　　パセンシャ　ナ　ポ　サ　アバラ

---

★　語句の解説　★

① **tumutulo**【継】：ぽたぽた落ちている〈tumulo トゥムーロ〉、**tubig**：水、**kisame**：天井
② **sira**【語根】：壊れる、**air-con**：(=air-conditioner) エアコン
③ **paano**：どのように、**nasira**【完】：壊れた〈masira マシラ〉
④ **titingnan**【未】：(〜を) 見る〈tignan ティグナン〉、**kondisyon / lagay**：状況、コンディション
⑤ **bumisita**【基】：訪問する
⑥ **siguro**：おそらく、たぶん、**ipaayos**【基】：(物を) 直してもらう〔使役〕
⑦ **tatawagan**【未】：(〜に) 電話する〈tawagan タワーガン〉、**tagapag-ayos**：修理する人
⑧ **abala**：不便

# 9. 住まいで (3)

① ラジオのボリュームを小さくしてください。
**Pakihinaan ninyo ang volume ng radyo.**
パキヒナアン　ニニョ　アン　ボリューム　ナン　ラジョ

② 声を小さくしてください。
**Pakihinaan ang boses ninyo.**
パキヒナアン　アン　ボーセス　ニニョ

③ 苦情を言っている人がいます。
**May nagrereklamo sa inyo.**
マイ　ナグレレクラーモ　サ　イニョ

④ ここには駐車できません。
**Hindi kayo puwedeng pumarada rito.**
ヒンディ　カヨ　プウェデン　プマラーダ　リート

ここは駐車禁止です。
**Bawal pumarada rito.**
バーワル　プマラーダ　リート

⑤ 車はあそこに駐車してください。
**Doon ninyo iparada ang kotse ninyo.**
ドオン　ニニョ　イパラーダ　アン　コーチェ　ニニョ

⑥ 家賃を払ってください。
**Pakibayaran ang renta ng bahay.**
パキバヤーラン　アン　レンタ　ナン　バーハイ

⑦ 1時から3時まで断水です。

**Mapuputol ang tubig simula ala**
マププートル　アン　トゥービッグ　シムラ　アラ
**una hanggang alas tres.**
ウーナ　ハンガン　アラス　トレス

⑧ 明日、点検のため停電します。

**Walang kuryente bukas dahil sa**
ワラン　クリエンテ　ブーカス　ダーヒル　サ
**inspeksyon.**
インスペクション

⑨ 回覧板です。

**Sirkular lang po. /**
サーキュラル　ラン　ポッ
**Paunawa lang po.**
パウナーワ　ラン　ポッ

あなたたちのあとは、隣の人に渡してください。

**Pakipasa naman ito sa kapitbahay**
パキパーサ　ナマン　イト　サ　カピットバーハイ
**pagkatapos ninyo.**
パグカタポス　ニニョ

⑩ 何か問題があれば、私に言ってください。

**Pag may problema kayo, pakisabi**
パグ　マイ　プロブレーマ　カヨ　パキサービ
**na lang sa akin.**
ナ　ラン　サ　アーキン

⑪ 遠慮しないでください。　**Huwag kayong mahiya.**
フワッグ　カヨン　マヒヤ

## 4章　在日フィリピン人と話せるフレーズ

★　語句の解説　★

① **pakihinaan**【基】：小さくする、弱くする、
**volume**〔英語〕：ボリューム、音量〔フィリピン語では lakas〕
② **boses**：声
③ **nagrereklamo**【継】：苦情を言っている〈magreklamo マグレクラーモ〉
④ **pumarada**【基】：（〜が）駐車する
⑤ **iparada**【基】：（〜を）駐車する、**kotse**：車
⑥ **pakibayaran**【基】：（〜を）払う、**renta**：賃料、**bahay**：家
⑦ **mapuputol**【未】：切れる、断絶される〈maputol マプートル〉、**simula**：〜から、**ala una**：1時、**hanggang**：〜まで、**alas tres**：3時
⑧ **kuryente**：電気、**inspeksyon**：点検
⑨ **sirkular**：回覧（板）、**paunawa**：お知らせ、通知、**pakipasa**：渡してください、**kapitbahay**：隣人、**pagkatapos**：〜したあとで、〜のあと
⑩ **pag**：もし〜なら、もし〜したら、**problema**：問題、**pakisabi**【基】：言ってください

# 5章

# 基本文法

# 1　標識辞と人称・指示代名詞

　フィリピン語には、それ自体はほとんど意味をもちませんが、文中における単語と単語の関係がどのようなものであるのかを示す標識辞（marker マーカー）というものがあります。

　この標識辞には、ang 形、ng 形、sa 形があり、普通名詞につくものに、ang、ng、sa、また人名につくものに、si、ni、kay などがあります。そして、これらの標識辞に導かれる句を、それぞれ ang 句、ng 句、sa 句と呼びます。

|  |  | 普通名詞につく | 人名につく |
| --- | --- | --- | --- |
| Ang 形 | （単数） | アン<br>ang | シィ<br>si |
|  | （複数） | アン　マガ<br>ang mga | シィナ<br>sina |
| Ng 形 | （単数） | ナン<br>ng | ニ<br>ni |
|  | （複数） | ナン　マガ<br>ng mga | ニナ<br>nina |
| Sa 形 | （単数） | サ<br>sa | カイ<br>kay |
|  | （複数） | サ　マガ<br>sa mga | キナ<br>kina |

　これらの標識辞には下記のような役割があります。

- ang 句：主語を表す。

　　例）「マリーさんはきれいです。」　　Maganda si Marie.
　　　　　　　　　　　　　　　　　　　　マガンダ　シィ マリー
　　　　　　　　　　　　　　　　　　　　きれい　　マリーさんは

　　　　「電気をつけて。」　　　　　　Buksan mo ang ilaw.
　　　　　　　　　　　　　　　　　　　ブクサン　モ　アン　イーラウ
　　　　　　　　　　　　　　　　　　　つけて　　　　電気を

- ng 句：所有や所属、また動詞の目的物などを表す。

　　例）「タガログ語の先生」　　　　　guro ng Tagalog
　　　　　　　　　　　　　　　　　　　グーロ　ナン　タガーログ
　　　　　　　　　　　　　　　　　　　先生　　タガログ語の

5章　基本文法

「エリーさんの本」　　　　　libro ni Ely
　　　　　　　　　　　　　　リブロ　ニ　エリー
　　　　　　　　　　　　　本　エリーさんの

　　　　　　　　　　ウミイノム　ナン　トゥービッグ　アン　アーソ
「犬が水を飲んでいます。」Umiinom ng tubig ang aso.
　　　　　　　　　　　　　　　飲む　　　水を　　　犬が

■ sa句：場所や方向、また所有を表す。
　例）「レイさん達は山に登りました。」

　　　　　　　　　ウマキャット　シィナ　レイ　サ　ブンドック
　　　　　　　　　Umakyat sina Rey sa bundok.
　　　　　　　　　　登った　　レイさん達は　　山に

「本はアンソニーさんのものです。」

　　　　　　　　カイ　アンソニー　アン　リブロ
　　　　　　　　Kay Anthony ang libro.
　　　　　　　アンソニーさんの　　本は

人称・指示代名詞にも、このような ang 形、ng 形、sa 形があります。

［人称代名詞］

|  | ang 形 | ng 形 | sa 形 |
|---|---|---|---|
| **1人称**<br>（単数）私 | アコ<br>ako | コ<br>ko | サ　アーキン<br>(sa)akin |
| （複数）私たち〔含む〕* | ターヨ<br>tayo | ナーティン<br>natin | サ　アーティン<br>(sa)atin |
| 　　　　私たち〔除く〕* | カミ<br>kami | ナーミン<br>namin | サ　アーミン<br>(sa)amin |
| **2人称**<br>（単数）あなた | イカウ カ<br>ikaw/ka | モ<br>mo | サ　イヨ<br>(sa)iyo |
| （複数）あなたたち | カヨ<br>kayo | ニニョ<br>ninyo | サ　イニョ<br>(sa)inyo |
| **3人称**<br>（単数）彼・彼女 | シャ<br>siya | ニャ<br>niya | サ　カニャ<br>(sa)kanya |
| （複数）彼ら・彼女ら | シィラ<br>sila | ニラ<br>nila | サ　カニラ<br>(sa)kanila |

### [指示代名詞]

|  | ang 形 | ng 形 | sa 形 |
|---|---|---|---|
| 話し手の近く<br>（単数） | イト<br>ito | ニト<br>nito | ディート リート<br>dito/rito* |
| （複数） | アン マガ イト<br>ang mga ito | ナン マガ イト<br>ng mga ito | サ マガ イト<br>sa mga ito |
| 話し相手の近く<br>（単数） | イヤン<br>iyan | ニャン<br>niyan | ジャン リャン<br>diyan/riyan* |
| （複数） | アン マガ イヤン<br>ang mga iyan | ナン マガ イヤン<br>ng mga iyan | サ マガ イヤン<br>sa mga iyan |
| 両者から離れて<br>（単数） | イヨン<br>iyon | ノオン ニョン<br>noon/niyon | ドオン ロオン<br>doon/roon* |
| （複数） | アン マガ イヨン<br>ang mga iyon | ナン マガ イヨン<br>ng mga iyon | サ マガ イヨン<br>sa mga iyon |

* 〔含む〕は、話し相手が含まれるのに対し、〔除く〕は、話し相手が含まれません。
* 基本的に ikaw は文頭に来るときに使われます。
  2人称・3人称の複数形は、話し相手が一人でも敬意・尊敬を表すときに使われることがあります。
* 前に母音で終わる単語がある場合は、dito は rito にかわることが多いです。同じように、diyan は riyan に、doon は roon になります。

例）

ナグタトラバーホ シャ ディート
**Nagtatrabaho siya dito .**
　働いている　　　彼は　ここで

「彼はここで働いています。」

ナグスーラット　アコ　サ　カニャ
**Nagsulat　ako sa kanya.**
（手紙など）を　私は　　彼女に
書いた

「私は彼女に手紙を書きました。」

# 2 単語の形成

フィリピン語の単語の多くは、〈接辞＋語根〉で形成されています。語根とは、単語の意味を成す際に核となる、単語の中でも最少のもので、その多くは名詞です。接辞は、語根に添加することで派生語を作り、そのほとんどは、動詞や名詞、形容詞を形成するものです。また、接辞には、語根の意味や品詞を変えたりする作用もあります。

**例）** kain「食べる」の語根

　　　パッグカーイン
　　**pagkain**（pag-＋kain）　　　「食べ物」

　　　クマイン
　　**kumain**（-um-＋kain）　　　「食べる」

　　　カイニン
　　**kainin**（kain＋-in）　　　　「食べる」

　　　カイナン
　　**kainan**（kain＋-an）　　　　「食べる場所」

接辞には、語根の前につく接頭辞、語根の間につく接中辞や語根の最後につく接尾辞があります。

ここに接辞の種類を紹介します。

| 動詞を形成する接辞 | 接頭辞 | mag-、magka-、mgpa-、maka-、maki-、i-、ika-、ipag-、ipang- |
|---|---|---|
| | 接中辞 | -um- |
| | 接尾辞 | -in、-an |
| | 接頭辞＋接尾辞 | ka- -an、pag- -an、pag- -in |
| 名詞を形成する接辞 | 接頭辞 | ka-、pag-、pakiki- |
| | 接尾辞 | -an、-in |
| | 接頭辞＋接尾辞 | ka- -an、pag- -an |

| 形容詞を形成する接辞 | 接頭辞 | ma–、maka–、naka–、nakaka–、pala– |
| --- | --- | --- |
| | 接尾辞 | –an |
| | 接頭辞＋接尾辞 | ma– –in |
| 副詞を形成する接辞 | 接頭辞 | mag–、ka– |
| 数詞を形成する接辞 | 接頭辞 | ika–、pang– |

なお、〈接辞＋語根〉から形成される単語以外には下記のような単語があります。

① **重複**
- 語根の第1音節にある最初の子音と母音を重複。

    <ruby>sasakyan<rt>ササキャン</rt></ruby>（sa・sakyan）「乗り物」

- 語根の前から第2音節まで（2音節目の最初の子音と母音まで）を重複。

    <ruby>umaumaga<rt>ウマウマーガ</rt></ruby>（uma＋umaga）「毎朝」

② **合成**
- 2つの単語が結合して1つの単語を形成。

    <ruby>baboy–damo<rt>バーボイ　ダモ</rt></ruby>（baboy「豚」＋damo「草、雑草」）「野豚」

③ **その他**
- 接辞の添加＋重複＋合成からなるもの。

    <ruby>mamamatay–tao<rt>ママタイターオ</rt></ruby>（ma–＋ma＋matay＋tao）「殺人者」

# 3　単語の修飾

## (1)　繋辞（リンカー）

フィリピン語では、修飾・被修飾の関係にある単語の間には、繋辞（linker リンカー）が現れます。繋辞には–ngとnaがあり、どちらが現れるかは前に来る単語の最後の音によって決まっています。

- 最後の音が母音：ngをプラス
- 最後の音が子音のn：gをプラス
- 最後の音がn以外の子音：na

多くの場合、修飾する語と修飾される語は、どちらが前に来てもかまいません。

**例）**

「美しい女性」　　**magandang babae** または **babaeng maganda**
（マガンダン　パパエ／パパエン　マガンダ）
　　　　　　　　美しい　　　女性　　　　　　女性　　　美しい

「この家」　　**itong bahay** または **bahay na ito**
（イトン　バーハイ／バーハイ　ナ　イト）
　　　　　　　この　　家　　　　　　　家　　この

「食事している男性」

**kumakaing lalaki** または **lalaking kumakain**
（クマカーイン　ララーキ／ララーキン　クマカーイン）
食べている　　男性　　　　　男性　　食べている
（kumakain + g）

ただし、次のような場合は、修飾する語と修飾される語の順序は決まっています。

- 人称代名詞で修飾するときは人称代名詞が先行します。

    <ruby>tayong<rt>ターヨン</rt></ruby> <ruby>mga<rt>マガ</rt></ruby> <ruby>babae<rt>ババエ</rt></ruby>
    **tayong mga babae**　　　「私たち女性」

    <ruby>sa<rt>サ</rt></ruby> <ruby>inyong<rt>イニョン</rt></ruby> <ruby>mga<rt>マガ</rt></ruby> <ruby>lalaki<rt>ララキ</rt></ruby>
    **sa inyong mga lalaki**　　「あなたたち男性に」

- 数詞で修飾する場合は、数詞が先行します。

    **isang kotse**　　　　　　「一台の車」（イサン コーチェ）

    **pangalawang pangulo**　「第2代目の大統領」（パガラワン パグーロ）

    **maraming bulaklak**　　「たくさんの花」（マラミン ブラックラック）

## (2) 所有・所属を表す表現

　所有や所属表現は、ng句を使って表されます。ng句とは、〈ng＋普通名詞〉や〈ni/nina＋人名〉、またはそれに相当するng形の人称・指示代名詞を指します。この際、ng句は常に後ろから修飾します。

**kapatid ni Dina**　　　「ディナの兄弟」
　兄弟　ディナの

**kapatid niya**　　　　　「彼女の兄弟」
　兄弟　彼女の

**bahay ng kapatid ko**　「私の兄弟の家」
　家　　　私の兄弟の

サカヤン　ナン　ブス
　**sakayan ng bus**　　　　　「バスの乗り場」
　　乗り場　　バスの

## (3) 複数形の人称代名詞を使った「誰と誰」の表現

　例えば、「私とアントニオ」は、at（＝and「～と」）を使って、
　シィ　アントニオ　アット　アコ
Si　Antonio　at　akoとも言えなくはないですが、一般的には、
カミ　ニ　アントニオ
Kami ni Antonioと表されます（直訳すると、「アントニオを含む私達」）。このように、「誰と誰」は、通常、複数の人称代名詞を ng 句や ng 形の人称代名詞で修飾した形で表されます。

　　　　カミ　　ニナ　　アントニオ
**例) kami nina Antonio**　　アントニオ達を含む私達（直訳）
　　　　　　　　　　　　　　→「私とアントニオ達」

　　　シィラ ナン マガ バルカーダ ニャ
　**sila ng mga barkada niya**　　彼の仲間を含む彼ら（直訳）
　　　　　　　　　　　　　　　　→「彼と彼の仲間たち」

　　　　カヨ　ニ　マーティー
　**kayo ni Marty**　　　　マーティーを含むあなた達（直訳）
　　　　　　　　　　　　　　→「マーティーとあなた」

# 4 基本文型

## (1) 基本文

フィリピン語では、基本文（主語と述語で構成される文）は主に3パターンあります。

★ **基本文①**：述語 + 主語（ang句）

基本文①「〜は…です」は、[述語＋主語（ang句）]で表されます。ang句とは、「1．標識辞と人称・指示代名詞」でも少し触れましたが、〈ang＋名詞（句）〉もしくは〈si/sina＋人名〉、またはそれに相当するang形の代名詞を指します。

**例）**

ハポン　　　　アコ
**Hapon　　　ako.**　　　　　　　　　　「私は日本人です。」
日本人［述語］　私は［主語］

エストジャンテ　シィジェーン
**Estudyante si Jane.**　　　　　　　　「ジェーンは学生です。」
学生［述語］　ジェーンは［主語］

パーギット　イト
**Pangit　　ito.**　　　　　　　　　　「これは醜いです。」
醜い［述語］　これは［主語］

トゥマクボ　　　アン　マガ　バータ
**Tumakbo　　ang mga bata.**　　　　「子供たちが走りました。」
走った［述語］　子供たちが［主語］

★ **基本文②**：主語（ang句） + ang＋述語

基本文②は、主語が述語の前に来て、他の「どれ、誰」でもなく、まさに「これが／この人が〜です」を表します。このとき、基本文

5章　基本文法

①と同様、主語は ang 句ですが、述語の前にも ang がつきます。
　具体的には疑問代名詞の Sino (「誰が？」) と Alin (「どれが？どちらが？」) で始まる文とその答えがこれに相当します。

例）

　　シィノ　　　　　　アン　マタバ
　　**Sino　　　　ang mataba?**　　　　「誰が太っていますか？」
　　誰が［主語］　太っている［述語］

　　シィジェイ　　　　　アン　マタバ
　　**Si Jay　　　　ang mataba.**　　　　「ジェイが太っています。」
　　ジェイが［主語］　太っている　［述語］

　　アリン　　　　　　アン　マガンダ
　　**Alin　　　　ang maganda?**　　　　「どちらがきれい？」
　　どちらが［主語］　きれい［述語］

　　イトン　ブラックラック　アン　マビリス
　　**Itong bulaklak ang mabilis.**　　　　「この花がきれいです。」
　　この花が［主語］　きれい［述語］

★　**基本文③**： 主語（ang 句でない） ＋ ang＋述語

　基本文③も、基本文②と同様、主語が述語の前に来ます。ただし、主語は ang で導かれない名詞（句）で表されます。
　具体的には、疑問代名詞 Ano (何が？) で始まる文やその答えがこれに相当します。

例）

　　アノ　　　　　　アン　パガラン　モ
　　**Ano　　　　ang pangalan mo?**　「あなたの名前は何ですか？」
　　何が［主語］　あなたの名前［述語］

　　マイク　　　　　　アン　パガラン　コ
　　**Mike　　　　ang pangalan ko.**　「マイクが私の名前です。」
　　マイクが［主語］　私の名前［述語］

<ruby>Ano<rt>アノ</rt></ruby> <ruby>ang masakit?<rt>アン マサキット</rt></ruby> 「何が痛いですか？」
何が［主語］ 痛い［述語］

<ruby>Ngipin<rt>ニーピン</rt></ruby> <ruby>ang masakit.<rt>アン マサキット</rt></ruby> 「歯が痛いです。」
歯が［主語］ 痛い［述語］

ただし、主語と述語で構成されていない文も数多くあります。

例）

<ruby>Mainit dito.<rt>マイーニット ディート</rt></ruby> 「ここは暑いです。」
暑い ここ

<ruby>Umaga na.<rt>ウマーガ ナ</rt></ruby> 「もう朝です。」
朝 すでに

<ruby>Uulan mamaya.<rt>ウウラン マーマヤ</rt></ruby> 「あとで雨が降ります。」
雨が降ります あとで

また、通常の基本文での語順と違い、主語と述語の位置が入れ替わったり、時や場所を表す単語や句が文頭に来ている倒置文もあります。こうした倒置文は、標識辞ay（アイ）を使って表されます。

例）

<ruby>Darating ang bagyo.<rt>ダラティン アン バギョ</rt></ruby> → <ruby>Ang bagyo ay darating.<rt>アン バギョ アイ ダラティン</rt></ruby>
「台風がやって来ます。」

<ruby>Kaarawan niya bukas.<rt>カアラワン ニャ ブーカス</rt></ruby> → <ruby>Bukas ay kaarawan niya.<rt>ブーカス アイ カアラワン ニャ</rt></ruby>
「明日は彼の誕生日です。」

5章 基本文法

　倒置文は、文頭に持ってきた単語や句を強調した表現になると同時に、よりフォーマルな表現になるため、演説や書き言葉などによく使われます。

## (2) フィリピン語の文型

　フィリピン語の文は、こうした基本文（多くは基本文①：述語＋主語）に目的語や方向を表す補語、場所や時間などを表す単語が加えられて構成されます。

**例）**

「今日、彼女はきれいですね。」

マガンダ　　　シャ　　　　　　　ガヨン
**Maganda　siya　　　　ngayon.**
きれい［述語］　彼女は［主語］　今日［時を表す］

「私のお父さんはマニラで働いています。」

ナグタトラバーホ　　アン タータイ コ　サ マニラ
**Nagtatrabaho　ang tatay ko　sa Manila.**
働いている［述語］　私の父は［主語］　マニラで［場所］

「子供がマンゴーを食べました。」

クマーイン　　　　アン バータ　　ナン マンガッ
**Kumain　　ang bata　　ng mangga.**
食べた［述語］　子供は［主語］　マンゴーを［目的物］

「夜、彼女に手紙を書きます。」

マグススーラット　　　アコ　　　　　サ カニャ　　　サ ガビ
**Magsusulat　　ako　　　sa kanya　　sa gabi.**
手紙を書きます［述語］　私は［主語］　彼女に［方向］　夜に［時を表す］

　ただし、ang 形の人称代名詞は、文頭から2番目の位置に来たが

る性質をもち、所有・所属表現にある単語の間にも割って入りますので注意してください。

**例)**
「彼女はリアの姉妹です。」

〔×〕 **Kapatid ni Lea siya.**
　　　カパティッド ニ リア シャ
　　　リアのきょうだい　彼女は

→　〔○〕 **Kapatid siya ni Lea.**
　　　　　カパティッド シャ ニ リア
　　　　　きょうだい 彼女は リアの

「彼女はタガログ語の先生です。」

〔×〕 **Teacher ng Tagalog siya.**
　　　ティーチャー ナン タガーログ シャ
　　　タガログ語の先生　　彼女は

→　〔○〕 **Teacher siya ng Tagalog.**
　　　　　ティーチャー シャ ナン タガーログ
　　　　　先生　彼女は タガログ語の

　また、文章中にang形とng形の人称代名詞が同時に現れる場合、下記のルールにのっとってang形の人称代名詞が移動しますので覚えてください。基本的に1音節の人称代名詞が優先される、ということを頭に入れておくとよいでしょう。

**ルール:**
① ang形の人称代名詞が1音節のkaの場合
　　→　kaが優先して2番目の位置に来ます。

**例)**「あなたは私達の友達です。」

5章 基本文法

〔×〕**Kaibigan namin ka.** → 〔○〕**Kaibigan ka namin.**
カイビーガン ナーミン カ　　　　　　　　　　カイビーガン カ ナーミン
　　私達の友達　あなたは

② ang形の人称代名詞が2音節の場合
　→ ng形の人称代名詞が優先されます。

例)「彼女は私の友達です。」　　**Kaibigan ko siya.**
　　　　　　　　　　　　　　　カイビーガン コ シャ
　　　　　　　　　　　　　　　　私の友達　彼女は

　　「彼女は私達の先生です。」　**Teacher namin siya.**
　　　　　　　　　　　　　　　ティーチャー ナーミン シャ
　　　　　　　　　　　　　　　　私達の先生　彼女は

③ 主語がka、述語部分にkoが現れる場合
　→ koとkaが並ぶ場合、ko＋kaは"kita"という単語で表されます。

例)「あなたは私の友達です。」

〔×〕**Kaibigan ko ka.** → 〔○〕**Kaibigan kita.**
カイビーガン コ カ　　　　　　　　　　カイビーガン キタ
　私の友達　あなたは

　指示代名詞も、文中の2番目の位置に来たがる性質はありますが、この性質は人称代名詞ほど強くはありません。

「これは私の兄の本です。」は、次のどちらでも良いです。

**Libro ito ng kuya ko.** / **Libro ng kuya ko ito.**
リブロ イト ナン クーヤ コ　　リブロ ナン クーヤ コ イト

193

# 5　動詞

## (1)　動詞

フィリピン語の動詞は〈接辞＋語根〉で形成されています。動詞において、語根がその動作の意味を表すのに対して、接辞は焦点（focus　フォーカス）、モード（mood）、相（aspect　アスペクト）を表します。

## (2)　焦点（フォーカス）

フィリピン語の動詞文では、動作の行為者や動作の対象・目的のほか、方向（〜に・〜へ）、場所、恩恵（〜のために）、道具（〜で／〜を使って）、理由や話題（〜について）などに焦点をあて、主語にすることができます。何に焦点をあてるかにより動詞文の主語が決まり、そして接辞も決まります。

例）
① 「子供はマンゴーを食べた。」

　　→　行為者の「子供 bata（バータ）」に焦点

　　クマーイン　アン　バータ　ナン　マンガッ
　　**Kumain ang bata ng mangga.**　（–um–＋kain「食べる」）

　　→　目的語「マンゴー mangga（マンガッ）」に焦点

　　キナーイン　ナン　バータ　アン　マンガッ
　　**Kinain ng bata ang mangga.**　（kain＋–in＝kainin）

　　＊　kinain：kainin の完了相

② 「私は母に電話した。」

　　→　行為者である「私 ako（アコ）」に焦点

## 5章 基本文法

トゥマーワッグ アコ サ ナーナイ
**Tumawag ako sa nanay.** (–um–＋tawag「電話する」)

→ 行為の対象である「母 nanay」に焦点

ティナワーガン コ アン ナーナイ
**Tinawagan ko ang nanay.** (tawag＋–an＝tawagan)

＊ tinawagan：tawagan の完了相

③ 「私は子供のために靴を買った。」

→ 行為者である「私 ako」に焦点

ブミリ アコ ナン サパートス パーラ サ バータ
**Bumili ako ng sapatos para sa bata.** (–um–＋bili「買う」)

→ 恩恵を受ける「子供 bata」に焦点

イビニリ コ ナン サパートス アン バータ
**Ibinili ko ng sapatos ang bata.** (i–＋bili＝ibili)

＊ ibinili：ibili の完了相

④ 「彼は癌で死んだ。」

→ 行為者である「彼 siya」に焦点

ナマタイ シャ ダーヒル サ カンセール
**Namatay siya dahil sa kanser.** (ma–＋matay「死ぬ」)

＊ namatay：mamatay の完了相

→ 原因である「癌 kanser」に焦点

イキナマタイ ニャ アン カンセール
**Ikinamatay niya ang kanser.** (ika–＋matay＝ikamatay)

＊ikinamatay：ikamatay の完了相

　動詞は、添加した接辞により、mag–動詞や–in動詞などと呼ばれ、また、大きく分けて、行為者に焦点があたるものは［行為者焦点動詞］、そうでないものは［非行為者焦点動詞］と呼ばれます。

動詞を形成する接辞を焦点の違いで分類すると次のようになります。

| 行為者焦点動詞 | mag–、–um–、mang–、ma–、m– |
|---|---|
| 目的焦点動詞 | –in、–an、i–、ipag–、pag– –an |
| 方向焦点動詞 | –an、pag– –an、ka– –an |
| 場所焦点動詞 | –an、pag– –an |
| 恩恵焦点動詞 | i–、ipag–、–an |
| 道具焦点動詞 | ipang– |
| 話題焦点動詞 | pag– –an |
| 理由焦点動詞 | ika– |

なお、どの語根がどの接辞をとるかは決まっていますので、動詞を覚えるときは、常に行為者・非行為者焦点動詞のセットで覚えるといいでしょう。

(3) モード

モードとは、具体的な行為の種類を決定するもので、下記のようなモードがあります。

- **中立モード**：中立的な行為を表します。
  例) **Umupo ako sa tren.**　　「電車で座った。」
  （ウムポ　アコ　サ　トレン）

- **状況モード**：「～することが出来る」、「～したことがある」、「たまたま～する」を意味します。
  例) **Nakaupo ako sa tren.**　　「私は電車で座れた。」
  （ナカウポ　アコ　サ　トレン）

5章　基本文法

- **参加モード**:「一緒に～する」や「～と～する」を意味します。

例) <ruby>Nakiupo<rt>ナキウポ</rt></ruby> <ruby>ako<rt>アコ</rt></ruby> <ruby>sa<rt>サ</rt></ruby> <ruby>silya<rt>シィーリャ</rt></ruby> <ruby>niya.<rt>ニャ</rt></ruby>
「彼女のいすに一緒に座った。」

このようなモードを持つ接辞は次のとおりです。

|  | 行為者焦点 | 非行為者焦点 |
|---|---|---|
| 状況モード | maka– | ma–、mai–、ma– –an |
| 参加モード | maki– |  |

(4) 相

相は、動作や状態の時間的様相を表すもので、完了相（～した）、継続相（～している）、未然相（これから～する）があり、動詞はこの相によって活用します。

例) manood〔マノオッド〕［(テレビなど)を見る］

「私は先ほどテレビを見ました。」　〔完了相〕

<ruby>Nanood<rt>ナノオッド</rt></ruby> <ruby>ako<rt>アコ</rt></ruby> <ruby>ng<rt>ナン</rt></ruby> <ruby>TV<rt>ティーヴィー</rt></ruby> <ruby>kanina.<rt>カニーナ</rt></ruby>

「私は今、テレビを見ています。」　〔継続相〕

<ruby>Nanonood<rt>ナノノオッド</rt></ruby> <ruby>ako<rt>アコ</rt></ruby> <ruby>ng<rt>ナン</rt></ruby> <ruby>TV<rt>ティーヴィー</rt></ruby> <ruby>ngayon.<rt>ガヨン</rt></ruby>

「私はあとでテレビを見ます。」　〔未然相〕

<ruby>Manonood<rt>マノノオッド</rt></ruby> <ruby>ako<rt>アコ</rt></ruby> <ruby>ng<rt>ナン</rt></ruby> <ruby>TV<rt>ティーヴィー</rt></ruby> <ruby>mamaya.<rt>マーマヤ</rt></ruby>

動詞の活用の仕方は、動詞により多少異なります。それぞれの動詞の活用の仕方については、「付録　動詞の活用」を参照にして下さい。

(5)　Maging 動詞

maging は、〈接辞＋語根〉で構成されていない唯一、例外的な動詞です。maging の後は必ず、名詞もしくは形容詞が来て「〜になります」を表します。

例）**Magiging mayaman ang anak niya.**
　　　マギギン　　　マヤーマン　　アン　アナック　ニャ
「彼女の子供はお金持ちになるでしょう。」

**Naging pangulo si Erap.**
　ナギン　　　パグーロ　　シィエラップ
「エラップは大統領になりました。」

(6)　英語の混用

付け加えて、最近の話し言葉の中では、英語の動詞を語根とみなし、そこに接辞を加えてフィリピン語化された単語も多く耳にします。中には、フィリピン語と同様、英語を使った動詞も活用されることさえあります。ですから、日常会話でよく耳にするものに関しては、あえて本文中の会話にも取り入れてあります。

例）Contact 「連絡する」 →　Makontak（ma–動詞化）
　　　　　　　　　　　　　　Kontakin（–in 動詞化）
　　Order 「注文する」 →　Orderin（–in 動詞化）
　　Fill up「記入する」 →　Fill–upan（–an 動詞化）

(7)　非行為者焦点の動詞文

非行為者焦点の動詞文は、基本文と同様、主語（焦点のあたったも

の) は ang 句で表されますが、文の構造は、述語 + 主語（ang 句）というよりは、述語の内容が 動詞＋行為者 となります。このとき、行為者は ng 句で表されます。

例)
「彼女は窓を開けました。」

　　ビヌクサン　ニャ　　　　アン　ビンターナ
　　**Binuksan niya　　ang bintana.**（目的焦点）
　　[述語]　　　　　　　　[主語]

「私は友達のところに行きます。」

　　ププンタハン　コ　　　　アン　カイビーガン　コ
　　**Pupuntahan ko　　ang kaibingan ko.**（方向焦点）
　　[述語]　　　　　　　　[主語]

「私達は宗教について話しました。」

　　ピナグ　ウサーパン ナーティン　　アン　レリヒョン
　　**Pinag–usapan natin　　ang relihiyon.**（話題焦点）
　　[述語]　　　　　　　　　　[主語]

ただし、非行為者焦点動詞の主語が ang 形の人称代名詞の場合、ang 形の人称代名詞は、その性質から、文章の 2 番目の位置に来ます。

例)
「彼女はマリアにタガログ語を教えてもらっています。」

　　ティヌトゥルーアン　シャ　　ニ　マリア　ナン　タガーロッグ
　　**Tinuturuan siya　　ni Maria ng Tagalog.**
　　[動詞]　　　[主語]　[行為者]

また、ang 形の人称代名詞と ng 形の人称代名詞が同時に現れる

199

場合、下記のようなルールがありますので、注意してください。

① ng 形の人称代名詞が 2 音節で、ang 形の人称代名詞が 1 音節の ka の場合
   → ka が優先して 2 番目の位置に来ます。

   例） **Sasamahan ka nila bukas.**
   ササマーハン　カ　ニラ　ブーカス
   「明日、彼らがあなたに同行してくれます。」

② ang 形の人称代名詞が 2 音節の場合
   → –ng 形の人称代名詞が優先されます。

   例） **Dinalawin niya ako sa ospital kahapon.**
   ディナラーウィン　ニャ　アコ　サ　オスピタル　カハーポン
   「彼は、昨日、病院に私を訪ねてくれました。」

   **Susulatan ko siya.**
   ススラータン　コ　シャ
   「私は彼女に手紙を書きます。」

③ ng 形の人称代名詞が 1 音節の ko、ang 形の人称代名詞が ka の場合
   → ko と ka が並ぶ場合、ko＋ka は "kita" という単語で表されます。
   コ　カ　　　　　　　　　　　　　　キタ

   例） **Bibigyan kita ng kendy.**
   ビビギャン　キタ　ナン　ケンディ
   「あなたにキャンディーをあげます。」

5章 基本文法

# 6 小辞

フィリピン語には、小辞といわれる単語があります。これらは副詞の一種で、文章の中でちょっとした意味やニュアンスをつけ加えるものです。疑問文を作る ba や、敬意を表す po などがこの一種です。

## 小辞の種類：

| ナ<br>**na** | もう、すでに | イナアントック ナ アコ<br>Inaantok **na** ako. 私はもう眠いです。 |
|---|---|---|
| パ<br>**pa** | まだ、<br>ほかに | バタ パ シャ<br>Bata **pa** siya. 彼女はまだ子供です。<br><br>シィノ パ アン ダラティン<br>Sino **pa** ang darating?<br>他に誰が来るのですか？ |
| ガ<br>**nga** | （強調） | トゥマヒーミック カ ガ<br>Tumahimik ka **nga**. 静かにして！ |
| ディン リン<br>**din/rin**\* | ～もまた | エストジャンテ リン シィ ジョセフ<br>Estudyante **rin** si Joseph.<br>ジョセフも学生です。 |
| マン<br>**man** | ～もまた、たとえ～であっても | クン シィーノ マン バーウル プマーソック ディート<br>Kung sino **man**, bawal pumasok dito.<br>誰であっても、ここに入ってはいけません。 |
| ラン<br>**lang**/<br>ラーマン<br>**lamang** | ～だけ、<br>単なる | コンティ ラン<br>Kaunti **lang**. 少しだけ。<br><br>タオ ラーマン アコ<br>Tao **lamang** ako. 私は単なる人です。 |
| ダウ ラウ<br>**daw/raw**\* | ～だそうだ | ウムウィ ナ ラウ シィラ<br>Umuwi na **raw** sila.<br>彼らはもう帰ったそうです。 |
| ポ ホ<br>**po/ho** | （敬意） | パティギン ポ イト<br>Patingin **po** ito. これを見せてください。 |
| バ<br>**ba** | （疑問文を作る） | パゴッド カ バ<br>Pagod ka **ba**? 疲れましたか？ |
| ナマン<br>**naman** | （語調を柔らげる・対照的なことを表す） | ブミリ カ ナマン ナン コーク<br>Bumili ka **naman** ng coke.<br>コーラを買ってよ。<br><br>マタバ シャ ペロ パヤット ナマン アコ<br>Mataba siya. Pero payat **naman** ako.<br>彼は太っています。けれど僕は細いです。 |

| パラ<br>**pala** | （驚き） | マサラップ パラ アン ドゥリアン<br>Masarap **pala** ang durian!<br>ドリアンはおいしいのね！ |
|---|---|---|
| サーナ<br>**sana** | 〜だといいのに、<br>〜すればよかった、<br>〜したかったのに | マヤーマン サーナ アコ<br>Mayaman **sana** ako.<br>お金持ちだったらいいのに。 |
| | | ナグタノン サーナ アコ カニーナ<br>Nagtanong **sana** ako kanina.<br>さっき聞いておけばよかった。 |
| カヤ<br>**kaya** | 〜だろうか、〜か<br>しら | グマリン ナ バ カヤ シャ<br>Gumaling na ba **kaya** siya?<br>彼女は元気になったかしら？ |
| ムーナ<br>**muna** | とりあえず、まず | イシーピン モ ムーナ<br>Isipin mo **muna**.<br>先に考えて。考えてからにしたら。 |
| | | テカ ムーナ<br>Teka **muna**. ちょっと待って。 |
| カシ<br>**kasi** | なぜなら | ルーマ ナ カシ イトン コーチェ<br>Luma na **kasi** itong kotse.<br>この車はもう古いからね。 |
| ヤータ<br>**yata** | おそらく、たぶん | ウウラン ヤータ マーマヤ<br>Uulan **yata** mamaya.<br>後で雨が降りそうです。 |
| トゥロイ<br>**tuloy** | （結果を表す・継<br>続を表す） | ナッグカマリ トゥロイ アコ ダーヒル サ イヨ<br>Nagkamali **tuloy** ako dahil sa iyo.<br>あなたのせいで、（結果的に）私まで間違<br>えてしまった。 |

　小辞は、人称代名詞と同じように、文頭から2番目の位置に来たがる性質を持っています。しかし、2つ以上の小辞・または人称代名詞が同時に現れる場合、その優先順位は決まっています。下記の順序に従ってください。

## 小辞の順序：

| ka<br>mo<br>ko | na<br>pa | din/rin<br>man | lang/<br>lamang | daw/<br>raw | po<br>ho | ba | pala<br>naman<br>その他<br>2音節<br>の小辞 | ako<br>siya<br>その他<br>2音節<br>の人称<br>代名詞 |
|---|---|---|---|---|---|---|---|---|
| | | | | | | | | |

# 7　否定文

「〜は…でありません」という否定表現は、Hindi（ヒンディ）で表されます。

例）

フィリピーナ　シィ　マリセル
**Filipina si Maricel.**
「マリセルはフィリピン人です。」

→

ヒンディ　フィリピーナ　シィ　マリセル
**Hindi Filipina si Maricel.**
「マリセルはフィリピン人ではありません。」

トゥマタクボッ　アン　コーチェ
**Tumatakbo ang kotse.**
「車が走っています。」

→

ヒンディ　トゥマタクボッ　アン　コーチェ
**Hindi tumatakbo ang kotse.**
「車は走っていません。（車は動いていません。）」

しかし、ang 形・ng 形の人称代名詞が現れる場合、その人称代名詞は Hindi の後、つまり、文中で 2 番目の位置に移動します。移動の仕方のルールは、基本文①の場合と同じです。
（「4　基本文型」を参照）

ナグタノン　シャ　カイ　フェ
**Nagtanong siya kay Fe.**
「彼女はフェさんに尋ねた。」

→

ヒンディ　シャ　ナグタノン　カイ　フェ
**Hindi siya nagtanong kay Fe.**
「彼女はフェさんに尋ねなかった。」

カピットバーハイ　コ　シャ
**Kapitbahay ko siya.**
「彼女は私の隣人です。」

→

ヒンディ　コ　シャ　カピットバーハイ
**Hindi ko siya kapitbahay.**
「彼女は私の隣人ではありません。」

マハル　キタ
**Mahal kita.**
「私はあなたを愛しています。」

→

ヒンディ　キタ　マハル
**Hindi kita mahal.**
「私はあなたを愛していません。」

# 8　疑問文

　基本文を疑問文にするには、疑問を表す小辞 ba(バ) を文中の2番目の位置におきます。文の末尾はイントネーションを上げて発音します。

マラーヨ　アン　バーハイ　モ
**Malayo ang bahay mo.**　→
「あなたの家は遠い。」

マラーヨ　バ　アン　バーハイ　モ
**Malayo ba ang bahay mo?**
「あなたの家は遠いですか？」

ナグ　アアワイ　シィラ
**Nag–aaway sila.**　→
「彼らはケンカしている。」

ナグ　アアワイ　バ　シィラ
**Nag–aaway ba sila?**
「彼らはケンカしてるの？」

バルカーダ　ニャ　シィ ジュン
**Barkada niya si Jun.**　→
「ジュンは彼の遊び仲間です。」

バルカーダ　バ　ニャ　シィ ジュン
**Barkada ba niya si Jun?**
「ジュンは彼の遊び仲間ですか？」

　ただし、人称代名詞と小辞 ba が同時に現れる場合、基本的には小辞 ba が優先されます。しかし、1音節の人称代名詞の ka、ko、mo がある場合は、その人称代名詞が優先されます。

ナグルルート　カ　アーラウ アーラウ
**Nagluluto ka araw–araw.**　→
「あなたは毎日、料理しています。」

ナグルルート　カ　バ　アーラウ アーラウ
**Nagluluto <u>ka</u> ba araw–araw?**
「あなたは毎日、料理していますか？」

ヒンディ　モ　シィラ　カサーマ
**Hindi mo sila kasama.**　→
「彼らはあなたの連れではない。」

ヒンディ　モ　バ　シィラ　カサーマ
**Hindi <u>mo</u> ba sila kasama?**
「彼らはあなたの連れですか？」

baを使った疑問文には、Oo.(はい)・Hindi.(いいえ)で受け答えます。なお、丁寧に言うときは、Opo./Hindi po.となります。
(詳しくは「9 尊敬文」を参照)

例) **Mabait ba ang ate mo?**
「あなたのお姉さんは優しいですか？」

→ **Oo. Mabait siya.**
「はい。彼女は優しいです。」

→ **Hindi. Hindi siya mabait. Mahigpit siya.**
「いいえ。彼女は優しくないです。厳しいです。」

**Pumasok ka ba kahapon?**
「昨日、仕事に行きましたか？」

→ **Opo. Pumasok po ako.**
「はい。仕事に行きました。」

→ **Hindi po. Hindi po ako pumasok.**
「いいえ。仕事に行きませんでした。」

その他、疑問代名詞を使った疑問文には次のようなものがあります。

| 疑問代名詞 | 質問 | 応答 |
| --- | --- | --- |
| **Ano**<br>何 | **Ano** ito?<br>これは何ですか？ | Suka iyan!<br>それはお酢です！ |
| | **Ano** ang ginagawa mo?<br>何をしているのですか？ | Naghahanap ako ng susi.<br>カギを探しています。 |

| | | |
|---|---|---|
| **Saan**<br>どこ | **Saan** tayo pupunta?<br>どこに行きますか？ | Sa sinehan tayo pupunta.<br>映画館に行きましょう。 |
| **Nasaan**<br>どこにある・いる | **Nasaan** ang salamin ko?<br>私のメガネはどこですか？ | Nasa ibabaw ng kama.<br>ベッドの上にあります。 |
| | **Nasaan** sila?<br>彼らはどこにいますか？ | Na kina Tita Tess.<br>テスおばさんのところです。 |
| **Taga saan**<br>出身 | **Taga saan** kayo?<br>どこの出身ですか？ | Taga Tokyo po ako.<br>東京出身です。 |
| **Sino**<br>誰 | **Sino** siya?<br>彼女は誰ですか？ | Artista siya sa Pilipinas.<br>フィリピンの女優です。 |
| | **Sino** ang kasama mo?<br>誰と一緒ですか？ | Si Joy ang kasama ko.<br>ジョイさんが一緒です。 |
| **Kanino**<br>誰の・誰に | **Kanino** itong hikaw?<br>このイヤリングは誰の？ | Kay Mila iyan.<br>ミラさんのです。 |
| | **Kanino** mo ibinigay ang susi?<br>カギを誰に渡しましたか？ | Sa guardia.<br>ガードマンです。 |
| **Para kanino**<br>誰のため | **Para kanino** itong regalo?<br>これは誰へのプレゼントですか？ | Para kay Ana.<br>アナさんへのものです。 |
| | **Para kanino** ka nagluluto?<br>誰のために料理しているのですか？ | Para sa lahat.<br>みんなのためにです。 |
| **Kailan**<br>いつ | **Kailan** ang kasal nila?<br>彼らの結婚式はいつですか？ | Sa Agosto ang kasal nila.<br>彼らの結婚式は8月です。 |
| | **Kailan** ka lumipat?<br>いつ引っ越したのですか？ | Noong Lunes.<br>この前の月曜です。 |
| **Alin**<br>どれ・どちら | **Alin** ang mas masarap?<br>どちらがよりおいしい？ | Ito ang mas masarap.<br>こっちの方がおいしいです。 |

# 5章 基本文法

| | | |
|---|---|---|
| イラン<br>**Ilan**<br>いくつ<br>何人 | イラン　カヨ<br>**Ilan** kayo?<br>あなたたちは何人ですか？ | タトゥロ　ラン　カミ<br>Tatlo lang kami.<br>3人です。 |
| | イラン　アン　カイラーガン　モ<br>**Ilan** ang kailangan mo?<br>いくつ必要ですか？ | マグ　リマ　ポ<br>Mag lima po.<br>5つぐらいです。 |
| パアーノ<br>**Paano**/<br>パパアーノ<br>**Papaano**<br>どのように | パアーノ　カミ　ププンタ　サ　イニョ<br>**Paano** kami pupunta sa inyo?<br>あなたの家にどのように行ったらいいですか？ | マグ　タクシー　ナ　ラン　カヨ<br>Mag-taxi na lang kayo.<br>タクシーで来てしまいなさいよ。 |
| バーキット<br>**Bakit**<br>なぜ | バーキット　ウミイヤック　アン　バータ<br>**Bakit** umiiyak ang bata?<br>子供はなぜ泣いているのですか？ | ダーヒル　ピナガリータン　シャ　ナン<br>Dahil pinagalitan siya ng<br>ナーナイ　ニャ<br>nanay niya.<br>お母さんに叱られたからです。 |
| パーラ<br>**Para**<br>サアン<br>**saan**<br>何のため | パーラ　サアン　イト　ガガミティン<br>**Para saan** ito gagamitin?<br>これは何に使うのですか？ | パーラ　サ　パルティ　マーマヤ<br>Para sa parti mamaya.<br>後ほどのパーティーでね。 |
| マッグカーノ<br>**Magkano**<br>いくら | マッグカーノ　アン　パマサーヘ　ナン<br>**Magkano** ang pamasahe ng<br>ブス<br>bus?<br>バスの運賃はいくらですか？ | ジィエス　ペソス<br>10 pesos.<br>10ペソです。 |
| クムスタ<br>**Kumusta**<br>いかが | クムスタ　カ　ナ<br>**Kumusta** ka na?<br>元気ですか？ | マブーティ　ナマン<br>Mabuti naman.<br>元気です。 |
| | クムスタ　アン　ビヤーヘ　モ<br>**Kumusta** ang biyahe mo?<br>旅行はいかがでした？ | ナーパカサヤ<br>Napakasaya!<br>とても楽しかったです。 |

# 9　尊敬文

　話し相手に対して敬意を表すときや丁寧な言い方をするときは、小辞の**po/ho**<small>ポ　ホ</small>を使います。また、たとえ相手が1人であっても、2人称または3人称の人称代名詞を使うと丁寧な言い回しになります。

**Ano po iyon?**<small>アノ　ポ　イヨン</small>　　「何でしょうか？」

**Sino po sila?**<small>シィノ　ポ　シラ</small>　　「どなたですか？」〔電話などで〕

**Maupo kayo.**<small>マウポ　カヨ</small>　　「どうぞお座りください。」

**Ano po ang pangalan nila?**<small>アノ　ポ　アン　パガーラン　ニラ</small>　　「お名前は何とおっしゃいますか？」

**Kumain na po ako.**<small>クマイン　ナ　ポ　アコ</small>　　「私はもう食事は済ませました。」

　po/ho も、文章の前から2番目の位置に来たがる性質を持ちます。ただし、他の小辞や人称代名詞を伴ったとき、その優先順位は低くなります。詳しくは、「6　小辞」のルールを参照してください。
　なお、本文中の会話文では、po/ho を使用したり、使用していなかったりと、文体は統一していませんので、丁寧な言い方にしたいときは、小辞のルールにしたがって po/ho を加えてください。

# 10 命令・勧誘など

## (1) 命令文

フィリピン語の命令文は、〈動詞の基本形+人称代名詞の2人称〉で表わします。

**Tumulong ka naman.**　「手伝って。手伝いなさい。」
（トゥムーロン　カ　ナマン）

**Dalhin mo nga ang silya dito.**　「ここに椅子を持ってきて。」
（ダルヒン　モ　ガ　アン　シィーリャ　ディート）

なお、小辞の nga や naman を伴うと、語調を和らげたり、強調したりする効果があります。

## (2) 誘う表現

「(一緒に)〜しよう」は、〈動詞の基本形+tayo/natin〉で表します。

**Tumulong tayo sa kanila.**　「彼らを手伝いましょう。」
（トゥムーロン　ターヨ　サ　カニラ）

**Dalhin natin ang silya dito.**　「ここに椅子を持ってきましょう。」
（ダルヒン　ナーティン　アン　シィーリャ　ディート）

## (3) お願い・依頼表現

非行為者焦点動詞の–in 動詞、i–動詞、–an 動詞に接辞 paki–（パキ）をつけると、「〜してください」という丁寧な意味になります。通常、動詞は基本形のまま、ng 形の人称代名詞2人称を伴います。また、paki– が添加されると、–in と i– は消失します。

| 通常の命令文 | 丁寧な依頼文 |
|---|---|
| **Isara mo ang pinto.**（イサラ　モ　アン　ピント） | → **Pakisara mo ang pinto.**（パキサラ　モ　アン　ピント）「ドアを閉めてください。」 |

ダルヒン　モ　アン　シィーリャ　ディート
**Dalhin** mo ang silya dito. → パキダラ　モ　アン　シィーリャ　ディート
**Pakidala** mo ang silya dito.
「ここに椅子を持ってきてください。」

トゥルーガン　モ　シィラ
**Tulungan** mo sila. → パキトゥルーガン　モ　シィラ
**Pakitulungan** mo sila.
「彼らを手伝ってください。」

(4) 禁止

　フワッグ　　　　　　　　　バーワル
　Huwag もしくは Bawal で表します。Huwag は、一般的な注意、禁止をする場合に使われるのに対し、Bawal は主に、規則などで禁止されている物事に対して使われます。

■　フワッグ
　Huwag ［〜してはいけない・〜しないで］

フワッグ
**Huwag!** 　　　　「だめ！」

フワッグ　カン　プムンタ　ドオン
**Huwag kang pumunta doon.**
「あそこに行ってはいけません。」

フワッグ　モン　ブクサン　アン　ビンターナ
**Huwag mong buksan ang bintana.**
「窓を開けてはいけません。」

■　バーワル
　Bawal ［禁止］

バーワル　マニガリーリョ　リート
**Bawal manigaliryo rito.** 「ここは禁煙です。」

バーワル　マグターポン　ナン　バスーラ
**Bawal magtapon ng basura.** 「ゴミを捨てるのは禁止です。」

バーワル　ウミヒ　リート
**Bawal umihi rito.** 「ここは小便禁止です。」

5章 基本文法

# 11 存在・所有の有無を表す

(1) May/Mayroon、Marami、Wala を使った表現

存在の有無や所有の有無を表す表現は、may/mayroon「～がいます／あります」、marami「～がたくさんいます／あります」、wala「～がいません／ありません」で表されます。

下記に、主に May と Mayroon を使った例文を挙げます。なお、Marami、Wala は、Mayroon と同じ要領で使われます。

## 例）

マイ　　メロン　　　アーソ サ カリエ
**May/Mayroong\* aso sa kalye.**
「通りに犬がいます。」

＊Mayroon には、リンカー（-ng）が伴います。（「3　単語の修飾」参照）

マイ　　メロン　　コーチェ シィ イヴァン
**May/Mayroong kotse si Ivan.**
「イヴァンは車を持っています。」

マイ コーチェ アコ　　メロン　　アコン　コーチェ
**May kotse ako./Mayroon akong kotse.**
「私は車を持っています。」

ワラ　アコン　コーチェ　　マラミ　アコン　コーチェ
**Wala akong kotse./Marami akong kotse.**
「私は車がありません。」/「私は車がたくさんあります。」

ここでの注意点は、May の後には必ず名詞（句）が来るということです。Mayroon のように、人称代名詞や小辞が May と名詞（句）に割って入ることはありません。小辞の ba は May＋名詞（句）以降に入ります。

211

また、May/Mayroon、Marami、Wala は、動詞を使い下記のような言い方も出来ます。

例）

<small>マイ　メロン　ナトゥトゥーロッグ　サ　カリエ</small>
**May/Mayroong natutulog sa kalye.**
「通りで寝ている人がいます。」

<small>マイ　ププンターハン　アコ　メロン　アコン　ププンターハン</small>
**May pupuntahan ako./Mayroon akong pupuntahan.**
「私は行くところがあります。」

<small>ワラ　アコン　ププンターハン</small>
**Wala akong pupuntahan.**
「私には行くところはありません。」

<small>マイ　ギナガワ　アコ　メロン　アコン　ギナガワ</small>
**May ginagawa ako./Mayroon akong ginagawa.**
「私にはしていることがあります。」

<small>マラミ　アコン　ギナガワ</small>
**Marami akong ginagawa.**
「私にはしていることがたくさんあります。」

主語が ang 句の場合は、

<small>マイ　メロン　ププンターハン　シィ　ダン</small>
**May/Mayroong pupuntahan si Dan.**
「ダンは行くところがあります。」
のようになります。

# 12　所在の有無を表す

人や物の所在「〜にいます・あります」は、〈Nasa＋普通名詞（場所・位置）〉、〈Na kay/kina 人名〉もしくは、nasa形の人称・指示代名詞で表されます。これに対する疑問文は Nasaan ang/si/sina〜? です。

Nasa形の人称・指示代名詞は下記の通りです。基本的には sa 形の人称・指示代名詞に na が付いたものです。

## nasa 形の人称代名詞

|  | 単　数 | 複　数 |
|---|---|---|
| 1人称 | ナーサ アーキン<br>nasa akin | ナーサ アーティン<br>nasa atin 〔話し相手を含む〕<br>ナーサ アーミン<br>nasa amin 〔話し相手を除く〕 |
| 2人称 | ナーサ イヨ<br>nasa iyo | ナーサ イニョ<br>nasa inyo |
| 3人称 | ナーサ カニャ<br>nasa kanya | ナーサ カニラ<br>nasa kanila |

## nasa 形の指示代名詞

| 話し手の近く | ナリト　　ナンディート<br>narito / nandito | ここにいます・あります |
|---|---|---|
| 話し相手の近く | ナンリャン　ナンジャン<br>nanriyan / nandyan | そこにいます・あります |
| 両者から離れて | ナロオン　ナンドオン<br>naroon / nandoon | あそこにいます・あります |

### 例)

ナサアン　アン　マガ　バータ
**Nasaan ang mga bata?**
「子供たちはどこにいますか？」

ナーサ　エスクウェラハン　アン　マガ　バータ
**Nasa eskuwelahan ang mga bata.**
「子供たちは学校にいます。」

ナーサ　ロオップ　シィラ　ナン　クワルト
**Nasa loob sila ng kuwarto.**
「彼らは部屋の中にいます。」

ナ　キナ　ティタ　ビン　アン　マガ　ババーエ
**Na kina Tita Bing ang mga babae.**
「女性達はビンおばさんの所にいます。」

ナーサ　アーキン　アン　スーシィ　モ
**Nasa akin ang susi mo.**
「あなたの鍵は私のところにあります（私が持っています）。」

ナンディート　アン　ピターカ　ニ　ジュリウス
**Nandito ang pitaka ni Julius.**
「ジュリウスの財布はここにあります。」

また、否定文「～にいません・ありません」は〈Wala+sa 句〉もしくは〈Wala+sa 形の人称・指示代名詞〉で表します。

### 例）

ワラ　サ　アーキン　アン　スーシィ
**Wala sa akin ang susi.**　　「鍵は私のところにはありません。」

ワラ　シャ　リート
**Wala siya rito.**　　「彼女はここにいません。」

ワラ　シャ　サ　バーハイ
**Wala siya sa bahay.**　　「彼女は家にいません。」

# 13　擬似動詞

動詞のような意味合いを持ちますが活用しない語を擬似動詞と呼びます。こうした擬似動詞には、以下のようなものがあります。

| | |
|---|---|
| グスト<br>Gusto<br>イービッグ　　ナイス<br>Ibig* / Nais* | 〜したいです |
| アーヤウ<br>Ayaw | 〜したくありません |
| カイラーガン<br>Kailangan | 〜する必要があります<br>〜しなければいけません |
| ダーパット<br>Dapat | 〜すべきです |
| カーヤ<br>Kaya<br>プウェデ<br>Puwede* | （能力的に）〜できます<br>（都合的に）〜できます |
| プウェデ<br>Puwede<br>マアアーリ<br>Maaari* | 〜してもよいです |

＊　Ibig と Nais は、Gusto よりフォーマルな表現。
＊　Maaari は Puwede よりフォーマルな表現。

これらの擬似動詞は、リンカー（–ng）によって、行為者焦点動詞、もしくは非行為者焦点動詞を修飾します。（詳しくは「5　動詞」を参照）

例）

プウェデン　　ウムウィ　アン　マガ　バータ
**Puwedeng umuwi ang mga bata.**
puwede＋–ng［述語］　［主語（行為者）］
「子供達は帰ってもよいです。」

<ruby>グストン<rt></rt></ruby> <ruby>パノオーリン<rt></rt></ruby> <ruby>ナン<rt></rt></ruby> <ruby>バータ<rt></rt></ruby> <ruby>アン<rt></rt></ruby> <ruby>シィネ<rt></rt></ruby>
**Gustong panoorin ng bata ang sine.**
gusto＋-ng［述語］　　　［行為者］　［主語（目的）］
「子供は映画が見たいです。」

　しかし、ang 形や ng 形の人称代名詞がある場合、それらは文章の始めから2番目の位置（つまり擬似代名詞の後）に移動します。このとき、リンカーも移動し、〈擬似代名詞＋人称代名詞＋リンカー（-ng）＋動詞〉といったパターンになります。

例）

プウェデ　アコン　　スマーマ　サ イヨ ブーカス
**Puwede akong sumama sa iyo bukas.**
「明日、私はあなたに付き添うことが出来ます。」

カイラーガン　　コン　　マラーマン　アン トトオ
**Kailangan kong malaman ang totoo.**
「私は真実を知る必要があります。」

アーヤウ　コ　　シャン　　カウサーピン
**Ayaw ko siyang kausapin.**
「私は彼女と話したくありません。」

グスト　　キタン　　タワーガン
**Gusto kitang tawagan.**
「あなたに電話したいです。」

　ただし、それぞれの擬似動詞により下記のような違いがあります。

★　Gusto と Kaya
　Kaya は、行為者焦点動詞を修飾しても、行為者は必ず ng 句になります。また Gusto も、行為者焦点動詞を修飾しても、行為者は ng 句になります。

例）

カーヤン　マグブハット　ナン　ローラ　ナン　マレータ
**Kayang magbuhat ng lola ng maleta.**
Kaya + -ng　　　　　　［行為者］
「おばあさんはスーツケースを持ち運べます。」

カーヤ　ニャン　マグブハット　ナン　マレータ
**Kaya niyang magbuhat ng maleta.**
　　　niya + -ng
「彼女はスーツケースを持ち運べます。」

グスト　コン　プムンタ　サ　パレンケ
**Gusto kong pumunta sa palengke.**
「私は市場に行きたいです。」

★　Ayaw・Ibig・Nais

　Ayaw・Ibig・Naisと動詞の間のリンカーnaは省略されています。しかし、これらの単語と動詞の間に人称代名詞がある場合は、その人称代名詞にリンカーが付きます。
　また、AyawはGustoと同様、行為者焦点を修飾していても、行為者はng句で表されることが多いです。

例）

アーヤウ　プムンタ　ナ　ナーナイ　サ　パレンケ
**Ayaw pumunta ng nanay sa palengke.**
「お母さんは市場に行きたくありません。」

アーヤウ　コン　プムンタ　サ　パレンケ
**Ayaw kong pumunta sa palengke.**
「私は市場に行きたくありません。」

## ★ Kailangan と Dapat

　Kailangan につくリンカーは、–g になります。しかし、Kailangan と動詞の間に人称代名詞が現れる場合は、その人称代名詞につくリンカーは–ng です。

　Dapat と動詞の間のリンカーは省略されていますが、Dapat と動詞の間に人称代名詞が入る場合はその人称代名詞にリンカー (–ng) をつける必要があります。

　また、Kailangan の文章では、行為者焦点動詞を修飾していても、行為者が ng 句になることが数多くあります。

## 例)

カイラーガン　　マグバヤッド　シィ ジョジョ
**Kailangang magbayad si Jojo.**
kailangan + –g［述語］　　　　［主語］
「ジョジョは、支払いをしなければなりません。」

カイラーガン　　コン　アコン　ウムウィ　ナン　マアーガ
**Kailangan kong/akong umuwi nang maaga.**
「私は早く帰らないといけません。」

ダーパット　マグパヒガッ　　アン　アサーワ　コ
**Dapat magpahinga ang asawa ko.**
「私の夫は、休息するべきです。」

ダーパット　モン　イシーピン　ナン　マブーティ
**Dapat mong isipin nang mabuti.**
「あなたはよく考えるべきです。」

## ★ Puwede

Puwede は「〜できます」より「〜してもよいです」の意味で使われる方が多いです。また、カジュアルな会話で、自分が「〜してもいいですか？」と尋ねるときは、主語が省略されることもあります。

例）

プウェデン　マグタノン
**Puwedeng magtanong?**　「質問してもいいですか？」

プウェデン　ヒラミン　アン　バーソ
**Puwedeng hiramin ang baso?**
　　　　　　　　　　　　　　「コップを借りてもいいですか？」

## ★ 疑問代名詞を使って疑問文にする場合

疑問代名詞を使って疑問文にするときは、〈疑問代名詞＋ang＋擬似動詞文〉になります。

例）

サアン　アン　グストン　プムンタ　ナン　ナーナイ
**Saan ang gustong pumunta ng nanay?**
「お母さんはどこに行きたいのですか？」

アノ　アン　プウェデ　コン　ガーウィン
**Ano ang puwede kong gawin?**
「私に何が出来ますか？」

★ Gusto・Ayaw・Kailangan

付け加えて、Gusto・Ayaw・Kailangan は名詞とともに使うと、それぞれ「〜が好きです・〜が欲しいです」「〜が嫌いです」「〜が必要です」の意味になります。このとき、主語は ng 句で表されます。

例)

グスト　ナン　マガ　バータ　ナン　アイス　クリーム
**Gusto ng mga bata ng ice cream.**
［述語］　［主語］　　　　［目的語］
「子供たちはアイスクリームが好きです・欲しいです。」

カイラーガン　コ　ナン　ペーラ
**Kailangan ko ng pera.**
「私はお金が必要です。」

一般的な物・人・場所が「好きです」「嫌いです」「必要です」というときは、ng 句で表されますが、もっと限定された物・人・場所をいうときは、ang 句や sa 句で表されます。

例)

グスト　ニャ　サ　ジャパン
**Gusto niya sa Japan.**
「彼女は日本が好きです。」

アーヤウ　ナン　エストゥジャンテ　イヤン　ティチェール
**Ayaw ng estudyante iyong titser.**
「生徒はあの先生が嫌いです。」

# 14 比較表現

## (1) 同等を表す比較形容詞

人や物を比較したとき、「〜は…と同じくらいです」とその性質や状態が同等であることを表すのには、kasing–形容詞(kasing–＋形容詞の語根)を使います。

例)

<u>Kasinlaki</u> ng pusa mo ang aso ko.
<ルビ: カシンラキ ナン プーサ モ アン アソ コ>
同じくらいの大きさ　あなたの猫と　私の犬は
「私の犬は、あなたの猫と同じくらいの大きさです。」

**Kasintangkad ako ni Lou.**
<ルビ: カシンタンカッド アコ ニ ルー>
「私は、ルーと同じくらいの背の高さです。」

また、比較される人(物)と比較する人(物)の両方を主語にするときは、magkasing–で表します。

例)

**Magkasinlaki ang pusa mo at aso ko.**
<ルビ: マグカシンラキ アン プーサ モ アット アソ コ>
「あなたの猫と私の犬は同じくらいの大きさです。」

**Magkasintangkad kami ni Lou.**
<ルビ: マグカシンタンカッド カミ ニ ルー>
「私とルーは同じくらいの背の高さです。」

なお、kasing–と magkasing–の–ng は、後ろに来る単語によって m になったり n になったりします。基本的には、後ろの単語の最初の文字が p、b のときは–m に、t、d、l、s のときは–n に変化します。

## (2) 不等・不同を表す比較形容詞

［(人・物)は～より…である］は、Masを使って次のように表されます。なお、比較される人・物・場所は〈kaysa＋sa句〉で表されます。

例)

マス　コンティ　　　　　アン　ガストス　ディート　カイサ　サ　ジャパン
**Mas kaunti　　　　ang gastos dito kaysa sa Japan.**
より少ない［比較］　　　ここでの出費は　　日本に比べて［比較される場所］
「ここでの出費は日本よりも少ないです。」

マス　マガンダ　シャ　カイサ　サ　アテ　ニャ
**Mas maganda siya kaysa sa ate niya.**
「彼女は彼女の姉より美人です。」

## (3) 強調を表すnapaka-形容詞と最上を表すpinaka-形容詞

「とても～です」は〈napaka-＋形容詞の語根〉で、また「一番（最も）～です」は〈pinaka-＋形容詞〉で表されます。なお、「～の中で」はsa句で表します。

例)

マバイット　シィ　セシル
**Mabait si Cecil.**　　「セシルは優しい。」

　　ナーパカバイット　ニ　セシル
→　**Napakabait ni Cecil.**　　「セシルはとても優しい。」

　　ピナカマバイット　シィ　セシル　サ　マガ　カパティッド　コ
→　**Pinakamabait si Cecil sa mga kapatid ko.**
　　「セシルは私のきょうだいの中で一番優しい。」

napaka-形容詞を使う時、主体はng句になりますので気をつけましょう。

# 15　性質や状態の度合いを表す

人の物の性質や状態の「度合い」（例えば、「このように重い」「あんなに遠い」など）は、比較指示代名詞を使って表現します。

### 比較指示代名詞

| ganito（ガニト） | このような、このくらい |
|---|---|
| ganyan（ガニャン） | そのような、そのくらい |
| ganoon（ガノン） | あのような、あのくらい |

これらの指示代名詞は単独で使われたり、もしくは、指示代名詞の後ろに［ka-＋形容詞の語根］や名詞を伴います。名詞を伴う際は、比較指示代名詞と名詞をリンカー（-ng）で繋いでください。

なお、「どのくらい～？」と尋ねる時は、〈gaano（ガアーノ）＋［ka-＋形容詞の語根］〉となります。

### 例）

**Ganyan talaga ang buhay.**（ガニャン　タラガ　アン　ブーハイ）
「人生とは本当にそんなものです。」

**Uso ang ganitong damit.**（ウーソ　アン　ガニトン　ダミット）
「このような服が流行です。」
　　ganito＋-ng

**Ganoon kabigat iyon.**（ガノン　カビガット　イヨン）
「あれはあんなに重いのよ。」
　　ka-＋bigat

**Gaano kabait ang boss mo?**（ガアーノ　カバイット　アン　ボス　モ）
「あなたの上司はどのくらい優しいですか？」

**Gaano siya kabait?**（ガアーノ　シャ　カバイット）
「彼女はどのくらい優しいの？」

# 16 いろいろな表現

　ここでは、会話文中に出てきた、その他いろいろな表現に触れてみます。

## (1) 頻度を表す表現

　頻度を表す単語には、lagi[いつも～する]・bihira[めったに～しない]・madalas[よく～する]があります。

　LagiとBihiraは、後ろに来る動詞とリンカー（–ng）で繋がれますが、その間に人称代名詞が入った場合は、リンカーは人称代名詞に移動します。

　Madalasと動詞の間のリンカーnaは省略されますが、Madalasと動詞の間に人称代名詞が入る場合は、その人称代名詞にリンカーが付きます。

例）

ラーギン　ナグリリーニス　ナン　クワルト　アン　クーヤ　コ
**Laging naglilinis ng kuwarto ang kuya ko.**
「私の兄はいつも部屋を掃除しています。」

ビヒーラ　シャン　ナグビビロ　サ　マガ　カクラーセ　ニャ
**Bihira siyang nagbibiro sa mga kaklase niya.**
「彼はクラスメイトにめったに冗談を言いません。」

マダラス　ピナパガリータン　イヨン　バータ　ナン　ナーナイ　ニャ
**Madalas pinapagalitan iyong bata ng nanay niya.**
「あの子供はよく母親に怒られています。」

マダラス　シャン　ニロローコ　ニ　リック
**Madalas siyang niloloko ni Ric.**
「彼女はよくリックさんにからかわれています。」

5章 基本文法

<ruby>Lagi<rt>ラーギ</rt></ruby> <ruby>ka<rt>カ</rt></ruby> <ruby>nilang<rt>ニラン</rt></ruby> <ruby>hinahanap<rt>ヒナハーナップ</rt></ruby>.
**Lagi ka nilang hinahanap.**
「彼らはいつもあなたを探しています。」

　否定文は、文頭に Hindi をつけるだけです。ただし、人称代名詞を含む文の場合、それに伴い、人称代名詞も移動します。

### 例）

**Madalas siyang pumupunta rito.**
（マダラス　シャン　プムプンタ　リート）
彼女はよくここに来ています。

→ **Hindi siya madalas pumupunta rito.**
（ヒンディ　シャ　マダラス　プムプンタ　リート）
彼女はよくここには来ていません。

**Lagi ko siyang niyayaya sa karaoke.**
（ラーギ　コ　シャン　ニヤヤーヤ　サ　カラオケ）
私はいつも彼女をカラオケに誘います。

→ **Hindi ko siya laging niyayaya sa karaoke.**
（ヒンディ　コ　シャ　ラーギン　ニヤヤーヤ　サ　カラオケ）
私はいつも彼女をカラオケには誘っていません。

### (2) Magaling/Mahusay「～するのが上手です」、Marunong「～できます」を使った表現

「～するのが上手です」や「～できます」は Magaling/Mahusay や Marunong を使って表されます。これらの単語は基本的に、後ろに行為者焦点動詞（基本形）をとりますが、リンカー (na) は省略されます。ただし、これらの単語と動詞の間に人称代名詞が入る場合は、その人称代名詞にリンカー–ng が付きます。

225

例)

<ruby>Magaling<rt>マガリン</rt></ruby>/<ruby>Mahusay<rt>マフーサイ</rt></ruby> <ruby>magluto<rt>マグルート</rt></ruby> <ruby>ang<rt>アン</rt></ruby> <ruby>kuya<rt>クーヤ</rt></ruby> <ruby>ko<rt>コ</rt></ruby>.

**Magaling/Mahusay magluto ang kuya ko.**
「私の兄は料理が上手です。」

<ruby>Marunong<rt>マルーノン</rt></ruby> <ruby>magluto<rt>マグルート</rt></ruby> <ruby>ang<rt>アン</rt></ruby> <ruby>kuya<rt>クーヤ</rt></ruby> <ruby>ko<rt>コ</rt></ruby>.

**Marunong magluto ang kuya ko.**
「私の兄は料理ができます。」

**Magaling/Mahusay siyang magsalita ng Tagalog.**
「あなたはタガログ語を上手に話します。」

否定文は Hindi を使い、下記のように表します。

例)

**Hindi magaling kumanta si Sam.** 「サムは上手に歌えません。」

**Hindi sila marunong sumayaw.** 「彼らは踊れません。」

(3)　pa–形容詞

　方向を伴う動作を表す–um–動詞の語根に接辞 pa–をつけると、方向を示す形容詞、または、これから始まる動作を表す形容詞になります。

例)

**Paatras ang takbo ng kotse.**
「車の動きは後向きです（車はバックしています）。」

**Papuntang Tokyo itong tren.** 「この電車は東京行きです。」

papunta＋–ng（リンカー）

5章 基本文法

<ruby>パウウィ ナ アコ</ruby>
**Pauwi na ako.** 「私は帰るところです。」

<ruby>パラバス ナ アコ サ オピス</ruby>
**Palabas na ako sa opis.** 「私はオフィスを出るところです。」

### (4) 接辞 pa-が添加された単語の便利な表現

　一部の動詞の語根に接辞の pa-を添加すると、「私に〜して（させて）ください」また「私を〜させてください」とお願いをする意味になる単語があります。ただし、これらは活用しないため、動詞ではありません。ここによく使われるものを紹介します。

| | |
|---|---|
| パヒギ<br>pahingi　［下さい］ | パウータン<br>pautang　［お金を貸して下さい］ |
| パヒラム<br>pahiram　［貸して下さい］ | パウポ<br>paupo　［座らせて下さい］ |
| パティギン<br>patingin　［見せて下さい］ | パトゥーロン<br>patulong　［手伝って下さい］ |
| パティキム<br>patikim　［味見させて下さい］ | パウーロン<br>paurong　［(席など)どいて下さい］ |
| パイノム<br>painom　［飲ませて］ | パターワッグ<br>patawag　［電話させて］ |
| パ シーアール<br>pa–C.R.　［トイレを貸して］ | パ トライ<br>pa–try　［試させて、トライさせて］ |

　なお、これらの単語は単独でも使用可能です。

### 例）

<ruby>パトゥーロン ナマン</ruby>
**Patulong naman.** 「私を手伝ってください。」

<ruby>パウータン</ruby>
**Pautang.** 「お金を貸してください。」

<ruby>パウータン ナマン ナン イサン リーボン ピーソ</ruby>
**Pautang naman ng isang libong piso.**
「1000ペソ貸してください。」

## (5) 接辞 ka- が添加された単語の便利な表現

接辞 ka- を行為者焦点動詞の語根に添加させることで、「〜したばかり」を意味する単語になります。このとき、動詞の語根の第1音節の最初の子音と母音は重複し、また、行為者は必ず ng 句で表します。また多くの場合、lang が伴います。

例）

カララティン　ラン　ナン　クーヤ　サ　バーハイ
**Kararating lang ng kuya sa bahay.**
「兄は家に着いたばかりです。」

カララティン　コ　ラン　サ　バーハイ
**Kararating ko lang sa bahay.**
「私は家に着いたばかりです。」

カタターポス　ラン　ナン　トラバーホ　ニャ
**Katatapos lang ng trabaho niya.**
「彼女の仕事がちょうど終わったところです。」

## (6) 人の感情を表す ma- 動詞、nakaka- 形容詞

人間の感情や反応は、ma-動詞や nakaka-形容詞で表されます。ma-動詞の場合、主語は感情を抱く人になり、「人が〜と感じる」を表しますが、nakaka-形容詞は、主語は感情を引き起こす物事や第3者になり、「人が（物事や第3者によって）〜と感じさせられる」の意味になります。

| ma-動詞 | nakaka-形容詞 |
|---|---|
| mahiya　［恥ずかしく思う］<br>マヒヤ | nakakahiya　［恥ずかしい］<br>ナカカヒヤ |
| malungkot　［悲しく思う］<br>マルンコット | nakakalungkot　［悲しくさせる］<br>ナカカルンコット |
| matuwa　［喜ぶ］<br>マトゥワ | nakakatuwa　［喜びをさそう］<br>ナカカトゥワ |

5章 基本文法

| | |
|---|---|
| matawa ［愉快に思う］<br>マタワ | nakakatawa ［おもしろい・笑いをさそう］<br>ナカカタワ |
| mainggit ［うらやましく思う］<br>マインギット | nakakainggit ［うらやましい］<br>ナカカインギット |
| mainis ［いらいらする］<br>マイニス | nakakainis ［いらいらさせる］<br>ナカカイニス |
| mainip ［退屈する］<br>マイニップ | nakakainip ［退屈させる］<br>ナカカイニップ |
| mapagod ［疲れる］<br>マパーゴッド | nakakapagod ［疲れさせる］<br>ナカカパーゴッド |
| maawa ［哀れに思う］<br>マアーワ | nakakaawa ［哀れに思わせる］<br>ナカカアーワ |
| magulat ［驚く］<br>マグーラット | nakakagulat ［驚かせる］<br>ナカカグーラット |
| matakot ［怖いと思う］<br>マターコット | nakakatakot ［怖い・怖がらせる］<br>ナカカターコット |
| mataranta ［パニックになる］<br>マタランタ | nakakataranta ［パニックにさせる］<br>ナカカタランタ |

## 例）

ナタターコット　アコ　サ　カニャ
**Natatakot ako sa kanya.** 「私は彼女を怖いと思う。」

ナカカターコット　シャ
**Nakakatakot siya.** 「彼女は怖い存在です。」

ナイイニップ　アコ　サ　クウェント　ニャ
**Naiinip ako sa kuwento niya.**
「私は彼女の話に退屈しています。」

ナカカイニップ　アン　クウェント　ニャ
**Nakakainip ang kuwento niya.** 「彼女の話は退屈です。」

### (7) 「もし〜したら」の表現

「〜したら」は接続詞の pag(パグ) や kung(クン) を使って表すことができます。ただし、pag を使う場合は動詞は完了相、kung を使う場合は未然相の動詞をとることが多いです。

### 例)

パグ ウマーラウ ブーカス マグ デート ターヨ
**Pag umaraw bukas, mag-date tayo.**
「明日、晴れたらデートしましょう。」

パグ ウムラン ブーカス サ バーハイ ナ ラン ターヨ
**Pag umulan bukas, sa bahay na lang tayo.**
「明日、雨が降ったら、家にいましょう。」

クン ララバス カ マーマヤ イビリ モ アコ ナン シガリーリョ
**Kung lalabas ka mamaya, ibili mo ako ng sigarilyo.**
「もし後で外出したら、たばこを買ってきてください。」

### (8) 感嘆文

感心したり、驚きを表すのには、〈Ang＋形容詞の語根＋ng 句の主体〉で表します。

### 例)

マガンダ アン タナーウィン
**Maganda ang tanawin.** 「景色がきれいです。」

アン ガンダ ナン タナーウィン
→ **Ang ganda ng tanawin!** 「なんてきれいな景色！」

マバーガル アン パグララカッド モ
**Mabagal ang paglalakad mo.** 「あなたは歩くのが遅いです。」

アン バーガル ナン パグララカッド モ
→ **Ang bagal ng paglalakad mo!**
「あなたは歩くのが遅いですね！」

# 6章

# 基本単語

# 1 数字の読み方

| | | | |
|---|---|---|---|
| 1 | isa / uno | 21 | dalawampu't isa |
| 2 | dalawa / dos | 22 | dalawampu't dalawa |
| 3 | tatlo / tres | 23 | dalawampu't tatlo |
| 4 | apat / kuwatro | 24 | dalawampu't apat |
| 5 | lima / singko | 25 | dalawampu't lima |
| 6 | anim / sais | 30 | tatlumpu / treynta |
| 7 | pito / siyete | 40 | apatnapu / kuwarenta |
| 8 | walo / otso | 50 | limampu / singkuwenta |
| 9 | siyam / nuwebe | 60 | animnapu / sesenta |
| 10 | sampu / dyes | 70 | pitumpu / setenta |
| 11 | labing–isa / onse | 80 | walumpu / otsenta |
| 12 | labindalawa / dose | 90 | siyamnapu / nobenta |
| 13 | labintatlo / trese | 100 | isang daan |
| 14 | labing–apat | 1000 | isang libo |
| 15 | labinlima / kinse | | |
| 16 | labing–anim | | |
| 17 | labimpito | | |
| 18 | labingwalo | | |
| 19 | labinsiyam | | |
| 20 | dalawampu / beynte | | |

## 2 一日の時間

| | |
|---|---|
| 1時 | **ala una** |
| 2時 | **alas dos** |
| 3時 | **alas tres** |
| 4時 | **alas kuwatro** |
| 5時 | **alas singko** |
| 6時 | **alas sais** |
| 7時 | **alas siyete** |
| 8時 | **alas otso** |
| 9時 | **alas nuwebe** |
| 10時 | **alas dyes** |
| 11時 | **alas onse** |
| 12時 | **alas dose** |
| 〜時半 | **alas 〜 y medya** |
| 〜時15分 | **alas 〜 kinse** |
| 午前／午後 | **ng umaga / ng hapon** |
| 早朝／朝 | **madaling araw / umaga** |
| 正午／昼間 | **tanghali / hapon** |
| 夜／夜中 | **gabi / hatinggabi** |
| 昼間中 | **maghapon** |
| 一晩中 | **magdamag** |
| 一日中 | **buong araw** |
| 時間 | **oras** |
| 分／秒 | **minuto / segundo** |

# 3 日、週、月、年

| | |
|---|---|
| 日 | araw |
| 今日 | ngayon |
| 昨日 | kahapon |
| 昨夜 | kagabi |
| 一昨日（おととい） | kamakalawa |
| 明日 | bukas |
| 翌日 | kinabukasan |
| 明後日（あさって） | samakalawa |
| 週 | linggo |
| 今週 | itong linggo |
| 先週 | noong isang linggo |
| | noong nakaraang linggo |
| 来週 | sa isang linggo |
| | sa susunod na linggo |
| 月 | buwan |
| 今月 | itong buwan |
| 先月 | noong isang buwan |
| 来月 | sa susunod na buwan |
| 年 | taon |
| 今年 | itong taon |
| 去年 | noong isang taon |
| 来年 | sa isang taon |
| 毎日 | araw–araw |

6章　基本単語

| 毎晩 | gabi–gabi |
| --- | --- |
| 毎週 | linggo–linggo |
| 毎月 | buwan–buwan |
| 毎年 | taon–taon |

# 4　序数

| 第1、最初 | una |
| --- | --- |
| 第2 | ikalawa / pangalawa |
| 第3 | ikatlo / pangatlo |
| 第4 | ikaapat / pang–apat |
| 第5 | ikalima / panlima |
| 第6 | ikaanim / pang–anim |
| 第7 | ikapito / pampito |
| 第8 | ikawalo / pangwalo |
| 第9 | ikasiyam / pansiyam |
| 第10 | ikasampu / pansampu |

# 5 四季、月、曜日

| | |
|---|---|
| 夏、乾季 | **tag–init** |
| 雨季 | **tag–ulan** |
| 1月 | **Enero** |
| 2月 | **Pebrero** |
| 3月 | **Marso** |
| 4月 | **Abril** |
| 5月 | **Mayo** |
| 6月 | **Hunyo** |
| 7月 | **Hulyo** |
| 8月 | **Agosto** |
| 9月 | **Setyembre** |
| 10月 | **Oktubre** |
| 11月 | **Nobyembre** |
| 12月 | **Disyembre** |
| 月曜日 | **Lunes** |
| 火曜日 | **Martes** |
| 水曜日 | **Miyerkoles** |
| 木曜日 | **Huwebes** |
| 金曜日 | **Biyernes** |
| 土曜日 | **Sabado** |
| 日曜日 | **Linggo** |

# 6 位置、方向

| | |
|---|---|
| 東 | silangan |
| 西 | kanluran |
| 南 | timog |
| 北 | hilaga |
| 右 | kanan |
| 左 | kaliwa |
| 上のほう | itaas |
| 下のほう | ibaba |
| 上／下 | ibabaw／ilalim |
| 前／後 | harap／likod |
| 真ん中 | gitna |
| 横、隣 | tabi |
| 端 | dulo |
| 外 | labas |
| 内 | loob |
| 反対側 | kabila |
| まっすぐ行く | dumiretso |
| 右に曲がる | kumanan |
| 左に曲がる | kumaliwa |
| 上に上がる、上に行く | umakyat |
| 下に下がる | bumaba |
| 前を向く | humarap |
| 外に出る | lumabas |

# 7 色、形

| | |
|---|---|
| 色 | kulay |
| 赤 | pula |
| 青 | asul |
| 黄 | dilaw |
| 白 | puti |
| 黒 | itim |
| 緑 | berde |
| オレンジ | kulay dalandan |
| 濃いピンク | fuscha |
| 紫 | kulay ube |
| 多彩な | makulay |
| 花柄の | bulaklakin |
| 水玉模様 | polka dot |
| 丸（い） | bilog |
| 長方形（の） | rektanggulo |
| 正方形（の） | kuwadrado |
| 三角形（の） | trianggulo |
| ハート型 | haugis–puso |

# 8 天気

| | |
|---|---|
| 天気、気候 | panahon |
| 晴れ | maaraw |
| 晴れる | umaraw |
| 曇り | maulap |
| 雨降りの | maulan |
| 風のある | mahangin |
| 暑い | mainit |
| 寒い | malamig |
| 涼しい | presko |
| 雨 | ulan |
| 雨が降る | umulan |
| 小雨 | ambon |
| 小雨が降る | umambon |
| 風 | hangin |
| 風が吹く | humangin |
| 台風 | bagyo |
| 台風になる | bumagyo |
| 洪水 | baha |
| 洪水する | bumaha |
| 雷 | kulog |
| 雷が鳴る | kumulog |
| 稲妻 | kidlat |
| 稲妻が光る | kumidlat |

# 9 自然

| | |
|---|---|
| 太陽 | araw |
| 月 | buwan |
| 星 | bituin |
| 空、天 | langit |
| 地、土 | lupa |
| 山 | bundok |
| 畑 | bukid |
| 森 | gubat |
| 丘 | burol |
| 川 | ilog |
| 海 | dagat |
| 海岸 | tabing–dagat |
| 砂 | bahangin |
| 石 | bato |
| 波 | alon |
| 波のある | maalon |
| 島 | isla, pulo |
| 火山 | bulkan |
| 地震 | lindol |
| 地震で揺れる | lumindol |

# 10 動物、植物

| | |
|---|---|
| 動物 | hayop |
| 水牛 | kalabaw |
| 牛 | baka |
| 豚 | baboy |
| 馬 | kabayo |
| ヤギ | kambing |
| 猿 | unggoy |
| 犬 | aso |
| 子犬 | tuta |
| 猫 | pusa |
| ねずみ | daga |
| 鳥 | ibon |
| 鶏 | manok |
| 鳩 | kalapati |
| 烏 | uwak |
| コウモリ | paniki |
| カエル | palaka |
| 亀 | pagong |
| ヘビ | ahas |
| 家トカゲ | butiki |
| 蝶 | paruparo |
| 蛾 | gamugamo |
| 蜂 | bubuyog |

| | |
|---|---|
| クモ | gagamba |
| バッタ類全般 | tipaklong |
| ハエ | langaw |
| 蚊 | lamok |
| ゴキブリ | ipis |
| シラミ | kuto |
| 毛虫など這う虫一般 | uod |
| アリ | langgam |
| 植物 | halaman |
| 草 | damo |
| 木 | puno |
| 枝 | sanga |
| 葉 | dahon |
| 花 | bulaklak |
| 花が咲く | mamulaklak |
| 実 | bunga |
| 実をつける | mamunga |
| 芽を出す | tumubo |
| とげ | tinik |
| 根 | ugat |
| 花などを摘む | mamitas |
| 水をやる | magdilig |
| 竹 | kawayan |

| | |
|---|---|
| ヤシの木と実 | **niyog** |
| ココナッツの若実 | **buko** |
| バラ | **rosas** |
| サンパギータ | **sampagita** |
| ラン | **orkid** |
| プルメリア | **kalatsutsi** |
| ブーゲンビリア | **bugambilya** |

# 11 家族、人々

| | |
|---|---|
| 両親 | magulang |
| 夫婦 | mag-asawa |
| 息子、娘〔自分の子供〕 | anak |
| 父 | tatay |
| 母 | nanay |
| 祖父 | lolo |
| 祖母 | lola |
| 夫、妻 | asawa |
| 兄弟 | kapatid |
| 兄 | kuya |
| 姉 | ate |
| 長子 | panganay |
| 末子 | bunso |
| おじさん | tito |
| おばさん | tita |
| いとこ | pinsan |
| 姪、甥 | pamangkin |
| 孫 | apo |
| 教父 | ninong |
| 教母 | ninang |
| 〜おじさん | Mang 〜 |
| 〜おばさん | Aling 〜 |
| おじさん〔呼びかけ〕 | Manong |

| | |
|---|---|
| おばさん〔呼びかけ〕 | **Manang** |
| ～兄さん〔年上の男性に〕 | **Kuya** ～ |
| ～姉さん〔年上の女性に〕 | **Ate** ～ |
| 男性同士の呼びかけ | **pare** |
| 女性同士の呼びかけ | **mare** |
| 人 | **tao** |
| 男 | **lalaki** |
| 女 | **babae** |
| 子供 | **bata** |
| 赤ちゃん | **sanggol** |
| 独身の女性 | **dalaga** |
| 独身の男性 | **binata** |
| 恋人 | **kasintahan** |
| 既婚者 | **may asawa** |
| 愛人 | **kabit** |
| 友だち | **kaibigan** |
| 連れ | **kasama** |
| (外に出歩く) 遊び仲間 | **barkada** |
| (ゲーム・遊び) 仲間 | **kalaro** |
| 隣人 | **kapitbahay** |
| おかま | **bakla** |
| 男性のような女性 | "**tom boy**" |

# 12 体

| | |
|---|---|
| 体 | katawan |
| 頭 | ulo |
| 髪の毛 | buhok |
| 顔 | mukha |
| 額 | noo |
| 目 | mata |
| 口 | bibig |
| 唇 | labi |
| 鼻 | ilong |
| 頬 | pisngi |
| 眉毛 | kilay |
| 耳 | tenga |
| 歯 | ngipin |
| 首 | leeg |
| 肩 | balikat |
| 上腕（二の腕） | braso |
| わきの下 | kilikili |
| 手 | kamay |
| 指 | daliri |
| 爪 | kuko |
| 胸部 | dibdib |
| 胸 | suso, bubs |
| お腹 | tyan |

| | |
|---|---|
| 下腹 | **puson** |
| ウェスト | **baywang** |
| ヒップ | **balakang** |
| お尻 | **puwit** |
| 背中 | **likod** |
| 太もも | **hita** |
| ふくらはぎ | **binti** |
| 膝 | **tuhod** |
| 足 | **paa** |
| 心臓 | **puso** |
| 骨 | **buto** |
| 血 | **dugo** |
| 皮膚 | **balat** |
| 体の毛 | **balahibo** |
| 陰毛 | **bulbol** |
| ひげ | **balbas** |
| 毛深い | **balbon** |
| 頭がはげている | **kalbo** |
| （目が）切れ長の | **singkit** |
| がに股の | **sakang** |
| X脚の | **piki** |
| 息 | **hinga** |
| 涙 | **luha** |

| | |
|---|---|
| 涙ぐむ | naluluha |
| 汗 | pawis |
| 汗をかく | pinawisan |
| 唾液 | laway |
| 尿 | ihi |
| 尿をもよおす | naiihi |
| 排尿する | umihi |
| 大便 | tae, dumi, ebs |
| 大便をもよおす | natatae, may ebs |
| 大便する | magtae, magdumi |
| おなら | utot |
| いびき | hilik |
| いびきをかく | humilik |
| あくび | hikab |
| あくびする | humikab |
| しゃっくり | sinok |
| 目やに | muta |
| 鼻くそ | kulangot |
| にきび | tagiyawat |

## 13 街、乗り物

| | |
|---|---|
| 空港 | paliparan |
| デパート | department store, shopping mall |
| 店 | tindahan |
| 市場 | palengke |
| 露店街 | tiangge |
| 銀行 | bangko |
| 郵便局 | pos opis |
| 会社 | kompanya |
| 工場 | pabrika |
| 学校 | eskuwelahan |
| 総合大学 | pamantasan, unibersidad |
| カレッジ | kolehiyo |
| 病院 | ospital |
| 市役所 | munisipyo |
| 図書館 | aklatan |
| 映画館 | sinehan |
| 教会 | simbahan |
| 公園 | park |
| 広場 | plasa |
| 食堂 | kainan |
| 美容院 | parlor |
| 道 | daan |
| 通り | kalye, kalsada |

| | |
|---|---|
| 横断歩道 | tawiran |
| 角 | kanto |
| 交差点 | krosing |
| ロータリー | rotonda |
| 高架橋 | "fly over" |
| 橋 | tulay |
| 歩道橋 | "over pass" |
| 信号 | "stop light" |
| 露店食堂 | turo–turo, tabi–tabi |
| 小売雑貨店 | sari sari store |
| スラム街 | iskuwater |
| 乗り物 | sasakyan |
| 車 | kotse |
| バス | bus |
| タクシー | taksi |
| ジープニー | dyipni, jeepny |
| トライシクル | traysikel |
| 馬車 | kalesa |
| 自転車 | bisikleta |
| オートバイ | motorsiklo, automotor |
| モノレール | MRT, LRT |
| 列車 | tren |
| 飛行機 | eroplano |

# 6章　基本単語

| | |
|---|---|
| 船 | barko |
| 運転手 | tsuper |
| 車掌 | kondoktor |
| 乗客 | pasahero |
| 料金 | bayad |
| 運賃 | pamasahe |
| 切符 | tiket |
| 運転する | magmaneho |
| 乗る | sumakay |
| 降りる | bumaba |
| 駐車する | magparada |
| 動く、前進する | umandar |
| 後進する | umatras |
| 通り過ぎる | lumampas |
| ガソリンを入れる | magpagasolina |
| ガソリンスタンド | gosolinahan |
| 乗り場 | sakayan |
| バスの停留所、待合所 | waiting shade |
| 港 | pier |
| タイヤ | gulong |
| エンジン | makina |
| ハンドル | manibela |

# 14 職業

| | |
|---|---|
| 仕事 | trabaho |
| 会社員、従業員 | empleyado |
| ビジネスマン | negotiante |
| 労働者 | manggagawa |
| 学生 | estudyante |
| 教師 | guro, titser |
| 売り手 | tindera〔女性〕、tindero〔男性〕 |
| 医師 | doktora〔女性〕、doktor〔男性〕 |
| 看護婦、看護士 | nars |
| 歯医者 | dentista |
| 芸能人 | artista |
| 弁護士 | abogado |
| 警察官 | pulis |
| 消防士 | bumbero |
| 兵隊 | sundalo |
| 修理工 | mekaniko |
| ガードマン | guwardiya |
| お手伝い | katulong |
| 乳母 | yaya |
| 洗濯婦 | labandera |
| 庭師 | hardinero |
| 大工 | karpintero |
| 農民 | magsasaka |
| 漁師 | mangingisda |

## 15 食事

| | |
|---|---|
| 朝食 | almusal |
| 昼食 | tanghalian |
| 夕食 | hapunan |
| 間食 | merienda |
| 食べ物 | pagkain |
| ご飯 | kanin |
| 焼飯 | sinangag |
| パン | tinapay |
| お粥 | lugaw |
| スープ | sabaw |
| 春雨 | sotanghon |
| ビーフン | bihon |
| おかず | ulam |
| 卵 | itlog |
| 肉 | karne |
| 豚肉 | (karneng) baboy |
| 牛肉 | (karneng) baka |
| 鶏肉 | manok |
| レバー | atay |
| 脂身 | taba |
| わき腹肉 | liyempo |
| 魚 | isda |
| えび | hipon |

| | |
|---|---|
| かに | alimango |
| いか | pusit |
| かき | talaba |
| ムール貝 | tahong |
| 米 | bigas |
| 豆腐 | tokwa |
| 缶詰 | de lata |
| つけソース | sawsawan |
| 飲み物 | inumin |
| 水 | tubig |
| お茶 | tsaa |
| 牛乳 | gatas |
| 氷 | yelo |
| おつまみ | pulutan |
| お酒 | alak |
| 皿 | plato |
| 小皿 | platito |
| フォーク | tinidor |
| スプーン | kutsara |
| コップ | baso |
| カップ | tasa |

# 16 野菜、果物

| | |
|---|---|
| 野菜 | gulay |
| キャベツ | repolyo |
| じゃがいも | patatas |
| さつまいも | kamote |
| 里いも | gabi |
| いもバナナ | saba |
| 苦瓜 | ampalaya |
| 瓜 | sayote |
| にんじん | karot |
| 玉ねぎ | sibuyas |
| なす | talong |
| しゃくし菜 | petsay |
| とうもろこし | mais |
| かぼちゃ | kalabasa |
| トマト | kamatis |
| オクラ | okra |
| もやし | toge |
| にんにく | bawang |
| しょうが | luya |
| 唐辛子 | sili |
| 果物 | prutas |
| パパイヤ | papaya |
| マンゴー | mangga |

| | |
|---|---|
| パイナップル | **pinya** |
| りんご | **mansanas** |
| みかん | **dalandan** |
| バナナ | **saging** |
| ジャックフルーツ | **langka** |
| すいか | **pakwan** |
| ランソーネス | **lansones** |
| サントール | **santol** |
| ランブタン | **rambutan** |
| グァバ | **bayabas** |
| 熟れている | **hinog** |
| 熟れていない | **hilaw** |

# 17 調味料、味

| | |
|---|---|
| 油 | mantika |
| 砂糖 | asukal |
| 塩 | asin |
| コショウ | paminta |
| しょう油 | toyo |
| 酢 | suka |
| バゴオン（塩辛） | bagoong |
| パティス（魚醬） | patis |
| 味の素 | betsin |
| 味 | lasa |
| おいしい | masarap |
| まずい | hindi masarap |
| 辛い | maanghang |
| 塩辛い | maalat |
| 酸っぱい | maasim |
| 甘い | matamis |
| 苦い | mapait |
| 味がない | walang lasa |
| 油っぽい | malangis, mamantika |
| ぱりぱりした | malutong |

# 18 料理

| | |
|---|---|
| 鍋 | kaldero |
| フライパン | kawali |
| 蓋 | takip |
| しゃもじ、おたま | sandok |
| 包丁、ナイフ | kutsilyo |
| マッチ | posporo |
| コンロ | kalan |
| ガス台 | gas stove |
| 料理する | magluto |
| ご飯を炊く | magsaing / isaing |
| 切る | maghiwa / hiwain |
| 皮をむく | balatan |
| 〜を浸す | ibabad |
| 混ぜる | ihalo |
| 炒める | igisa |
| 揚げる | iprito |
| 直火で焼く、炭火で焼く | iihaw |
| ゆでる | ilaga |
| 湯を沸かす | pakuluin |
| 柔らかくする | palambutin |

## 19 家、生活用品

| | |
|---|---|
| 家 | bahay |
| 部屋 | kuwarto |
| 居間、客間 | sala |
| 台所 | kusina |
| 浴場 | banyo |
| トイレ | C. R. |
| 戸、ドア | pinto |
| 窓 | bintana |
| 階段／床 | hagdan / sahig |
| 生活用品 | kasangkapan |
| テーブル | mesa |
| いす／ベンチ | silya, upuan / bangko |
| ベッド | kama |
| 毛布、タオルケット | kumot |
| 枕 | unan |
| 洋服ダンス | aparador |
| 鏡台、化粧台／鏡 | tokador / salamin |
| ゴミ箱 | basurahan |
| 扇風機 | bentilador |
| 電気、明かり | ilaw |
| ガス | gas |
| テレビ／ラジオ | telebisyon / radyo |
| 冷蔵庫 | repridyeretor |

# 20 衣類、小物

| | |
|---|---|
| 服 | damit |
| スーツ | amerikano |
| スカート | palda |
| ズボン | pantalon |
| ジーンズ | maong |
| ボタン | botones |
| ポケット | bulsa |
| ジッパー | siper |
| 靴 | sapatos |
| 靴下 | medyas |
| ビーチサンダル | tsinelas |
| 帽子 | sumbrero |
| メガネ、鏡 | salamin |
| 腕時計 | relo |
| カバン | bag |
| 傘 | payong |
| 財布 | pitaka |
| お金 | pera |
| 小銭 | barya |
| ハンカチ | panyo |
| 扇子、うちわ | pamaypay |
| 宝石 | alahas |
| ネックレス | kuwintas |

| | |
|---|---|
| 指輪 | **singsing** |
| イヤリング、ピアス | **hikaw** |
| 女物の | **pambabae** |
| 男物の | **panlalaki** |

# 21 病気、症状

| | |
|---|---|
| 風邪 | sipon |
| 下痢 | LBM(Loose Bowel Movement) |
| 熱 | lagnat |
| せき | ubo |
| ぜんそく | hika |
| インフルエンザ | trangkaso |
| 結核 | TB |
| 結膜炎 | sore eyes |
| ガン | kanser |
| 心臓発作 | heart attack, atake sa puso |
| 糖尿病 | diabetes |
| デング熱 | dengue |
| 健忘症 | amnesia |
| アレルギー | allergy |
| 足の不自由な | pilay |
| 口のきけない | pipi |
| 耳の聞こえない | bingi |
| 腫れている | namamaga |
| 硬くなっている | naninigas |
| めまいがする | nahihilo |
| 吐いている | nagsusuka |
| 吐きそうな | nasusuka |
| 下痢をしている | nagtatae |

| | |
|---|---|
| 震える | nanginginig |
| 熱がある | nilagnat, may lagnat |
| ケガ | sugat |
| あざ | pasa |
| ケガをした | nasugatan, may sugat |
| 切った | nahiwa |
| (人が) 骨を折った | nabalian |
| 毒 | lason |
| 中毒にかかった | nalason |
| (人が) 伝染した | nahawanan |
| 患者 | pasyente |
| 診てもらう | magpatignin |
| 治療してもらう | magpagamot |
| 手術をしてもらう | magpaopera |
| 薬 | gamot |
| 抗生物質 | antibiotic |
| アスピリン | aspirin |
| 処方箋 | reseta |

# 22 宗教、民間信仰

| | |
|---|---|
| 宗教 | relihiyon |
| 神 | Diyos |
| イエス・キリスト | Hesukristo |
| サント・ニーニョ | Santo Niño |
| ブラック・ナザレネ | Black Nazarene |
| 聖書 | Biblia |
| 教会 | simbahan |
| 神父 | pari |
| 牧師 | pastor |
| ミサ | misa |
| クリスマス | Pasko |
| 暁のミサ | simbang gabi |
| 教会に行く | magsimba |
| 祈る | magdasal |
| カトリック教徒 | Katoliko |
| プロテスタント教徒 | Protestante |
| イスラム教徒 | Muslim |
| イグレシア・ニ・クリスト | Iglesia ni Kristo |
| 土着信仰 | katutubong paniniwala |
| 精霊崇拝 | anito |
| 呪い | sumpa |
| 霊 | spiritu |
| おばけ | multo |

6章　基本単語

| | |
|---|---|
| アスワン | aswang |
| マナナンガル | manananggal |
| 巨人 | kapre |
| 小人 | duwende |
| 妖精 | engkanto |
| お守り | anting-anting |

## 23　よく使う副詞

| | |
|---|---|
| 本当に | talaga |
| すぐに | kaagad |
| とても | masyado / sobra |
| かなり | medyo |
| 少し | nang kaunti |
| ほとんど | halos |
| もう少しで、〜するところだった | kamuntik |
| たいてい | karaniwan |
| 特に | lalo na |
| 同じ | katulad / kagaya |
| さらに、もっと | mahigit / mas |
| 確かに | sigurado |
| 〜のように見える | mukhang / parang |
| たぶん | siguro |

# 24 よく使う形容詞

| | |
|---|---|
| 暑い、熱い | mainit |
| 寒い、冷たい | malamig |
| 大きい | malaki |
| 小さい | maliit |
| 遠い | malayo |
| 近い | malapit |
| ゆったりした、広い | maluwang |
| きつい、狭い | masikip |
| 長い | mahaba |
| 短い | maikli, maiksi |
| 高い〔値段〕 | mahal |
| 安い〔値段〕 | mura |
| 新鮮な | sariwa |
| 腐った | sira |
| 平和な | mapayapa |
| 危ない、危険な | delikado |
| 同じ | pareho |
| 違った、異なる | iba |
| お金のかかる | magastos |
| ただの | libre |
| 幸運な | suwerte |
| 不幸な | malas |
| 深い | malalim |

| | |
|---|---|
| 浅い | mababaw |
| 透明な、はっきりした | malinaw |
| ぼんやりした、定かでない | malabo |
| 重い | mabigat |
| 軽い | magaan |
| 多い | marami |
| 少ない | kaunti |
| 難しい | mahirap |
| 易しい、簡単な | madali |
| いっぱいの | puno |
| 余地のある、いっぱいでない | maluwag |
| 古い | luma |
| 新しい | bago |
| 速い | mabilis |
| 遅い | mabagal |
| 早い | maaga |
| 遅れる | ma–late |
| 時間がかかる | matagal |
| 香りの良い | mabango |
| 臭い | mabaho |
| 上手な | marunong, magaling |
| 下手な | hindi marunong, hindi magaling |
| 良い | mabuti |

| | |
|---|---|
| 悪い | masama |
| 良い、すばらしい | maganda |
| 醜い、ぶさいくな | pangit |
| 正しい | tama |
| 間違った、誤った | mali |
| 静かな | tahimik |
| 騒がしい | maingay |
| 硬い | matigas |
| 柔らかい | malambot |
| 頑丈な | matibay |
| すべりやすい | madulas |
| くっついている | nakadikit |
| ぶらさがっている | nakasabit |
| 忙しい | bisi |
| 整頓された | maayos |
| 混沌とした | magulo |
| 清潔な | malinis |
| 不潔、汚い | madumi |
| 明るい | maliwanag |
| 暗い | madilim |
| 乾いた | matuyo |
| 濡れた | mabasa |
| 残念な | sayang |

| | |
|---|---|
| 有名な | **sikat** |
| 重要な、大切な | **importante** |
| 金持ちの、裕福な | **mayaman** |
| 貧しい、貧乏な | **mahirap** |
| けちな | **kuripot** |
| やせている | **payat** |
| 太った | **mataba** |
| 若い | **bata** |
| 年をとった | **matanda** |
| 背が高い | **matangkad** |
| 背が低い | **pandak** |
| 美人な、きれいな | **maganda** |
| ハンサムな | **guwapo, pogi** |
| 健康な | **malusog** |
| 病気の | **may sakit** |
| 強い | **malakas** |
| 弱い | **mahina** |
| 頭の良い、利口な | **matalino** |
| ばかな | **tanga, gago, gaga** |
| 怠慢な | **tamad** |
| 勤勉な | **masipag** |
| 親切な | **mabait** |

| | |
|---|---|
| 悪い | **salbahe** |
| 正直な | **matapat** |
| 忍耐強い | **matiyaga** |
| 従順な | **masunurin** |
| 気難しい | **masungit** |
| お高くとまっている | **suplado, suplada** |
| 横柄な | **mayabang** |
| おしゃべりな | **madaldal** |
| ゴシップ好きな | **tsismoso, tsismosa** |
| 恥ずかしがりやな | **mahiyain** |
| 楽しい | **masaya, maligaya** |
| うれしい | **matuwa** |
| 怒っている | **magalit** |
| すねる | **matampo** |
| 驚いた | **magulat** |
| 悲しい | **malungkot** |

6章　基本単語

# 25　よく使う動詞

|  | 行為者フォーカス動詞 | 非行為者フォーカス動詞 |
|---|---|---|
| 起きる | gumising | — |
| 起こす | — | gisingin |
| 眠る | matulog | — |
| 眠らせる | — | patulugin |
| 洗う | maghugas | hugasan |
| 顔を洗う | maghilamos | hilamusan |
| シャワーを浴びる、泳ぐ | maligo | — |
| お風呂に入れる | magpaligo | paliguan |
| 食べる | kumain | kinain |
| 飲む | uminom | inumin |
| 座る | umupo | upuan |
| 立つ | tumayo | — |
| 建てる | magtayo | itayo |
| する、作る | gumawa | gawin |
| 取る、手に入れる | kumuha | kunin |
| 買う | bumili | bilhin |
| 売る | magbenta | ibenta |
| 請う | humingi | hingin |
| 与える、あげる | magbigay | ibigay, bigyan |
| 使う | gumamit | gamitin |
| 払う | magbayad | bayaran |
| 見る | tumingin | tingnan |
| (テレビ・映画を)見る | manood | panoorin |

|  | 行為者フォーカス動詞 | 非行為者フォーカス動詞 |
|---|---|---|
| 聞く | makinig | pakinggan |
| 聞こえる | — | marinig |
| 話す | magsalita | salitain |
| 読む | bumasa / magbasa | basahin |
| 書く | sumulat | isulat, sulatin |
| 考える | mag–isip | isipin |
| たずねる | magtanong | tanungin |
| 置く | maglagay | ilagay |
| 待つ | maghintay | hintayin |
| 選ぶ | pumili | piliin |
| 呼ぶ | tumawag | tawagin |
| 電話をする | tumawag | tawagan |
| 信じる | maniwala | paniwalaan |
| 疑う | magduda | pagdudahan |
| 歌う | kumanta | kantahin |
| 踊る | sumayaw | sayawin |
| 勉強する | mag–aral | pag–aralan |
| 教える | magturo | ituro |
| 始める | magsimula | simulan |
| 終える | magtapos | tapusin |
| 乗る | sumakay | sakyan |
| 降りる | bumaba | — |
| 着る | magsuot | isuot |

|  | 行為者フォーカス動詞 | 非行為者フォーカス動詞 |
|---|---|---|
| 脱ぐ | maghubad | hubarin |
| 持ち運ぶ | magdala | dalhin |
| 送る | maghatid | ihatid |
| 迎えに行く | sumundo | sunduin |
| 帰る | umuwi | — |
| 持ち帰る | mag–uwi | iuwi |
| 学校・仕事に行く | pumasok | pasukan |
| 入る（入れる） | pumasok | pasukin |
| 行く | pumunta | puntahan |
| 料理する | magluto | lutuin |
| 味見する | tumikim | tikman |
| 開ける | magbukas | buksan |
| 閉める | magsara | isara |
| 洗濯する | maglaba | labhan |
| 掃除する | maglinis | linisin |
| アイロンをかける | magplantsa | plantsahin |
| 上る、登る | umakyat | akyatin |
| 上に持っていく | mag–akyat | iakyat |
| 下に持っていく、下ろす | magbaba | ibaba |
| 同行する | sumama | samahan |
| 住む | tumira | tirahan |
| 歩く | maglakad / lumakad | lakarin |
| 走る | tumakbo | takbuhan |

| | 行為者フォーカス動詞 | 非行為者フォーカス動詞 |
|---|---|---|
| 通る | dumaan | daanan |
| 仕事をする | magtrabaho | — |
| 出かける、外に出る | lumabas | |
| 外に出す | maglabas | ilabas |
| 誘う | magyaya | yayain |
| 理解できる | makaintindi | maintindihan |
| 知る | makaalam | malaman |
| 覚えている | makatanda | matandaan |
| (不本意に) 忘れる | makalimot | makalimutan |
| たまたま経験する | makaranas | maranasan |
| 愛する | magmahal | mahalin |
| 笑う | tumawa | tawanan |
| 泣く | umiyak | — |
| ほほえむ | ngumiti | ngitian |
| 期待する | umasa | asahan |
| 心配する | mag–alala | alalahanin |
| 後悔する | magsisi | pagsisihan |
| 恐い (怖い) と思う | matakot | — |
| 傷つく | masaktan | — |
| 傷つける | — | masaktan |
| 恥ずかしいと思う | mahiya | — |
| 退屈する | mainip | kainipan |
| 苦労する、辛いと思う | mahirapan | — |

## 〈付録〉 動詞の活用

■ mag–動詞

| 基本形 | マグ アーラル<br>mag– aral ［勉強する］<br>　　アーラル<br>　語根：aral | マグルート<br>magluto ［料理する］<br>　　ルート<br>　語根：luto |
|---|---|---|
| 完了相 | ナグ アーラル<br>nag– aral | ナグルート<br>nagluto |
| 継続相 | ナグ アアーラル<br>nag– aaral | ナグルルート<br>nagluluto |
| 未然相 | マグ アアーラル<br>mag– aaral | マグルルート<br>magluluto |

　基本形・未然相の接辞は mag–ですが、完了・継続相では nag–になります。その上で、継続・未然相では語根の第1音節の最初の子音と母音が重複されます。

■ –um–動詞

| 基本形 | ウムウィ<br>umuwi ［帰る］<br>　　ウウィ<br>　語根：uwi | プムンタ<br>pumunta ［行く］<br>　　プンタ<br>　語根：punta |
|---|---|---|
| 完了相 | ウムウィ<br>umuwi | プムンタ<br>pumunta |
| 継続相 | ウムウウィ<br>umuuwi | プムプンタ<br>pumupunta |
| 未然相 | ウウウィ<br>uuwi | ププンタ<br>pupunta |

　一見母音で始まる語根（母音の前に子音である声門閉鎖音がある）では、接辞–um–を先頭につけ、子音の場合は、語根の第1音節の子音と母音の間につけます。基本形と完了相は同じ形になります。

■ mang–動詞

| 基本形 | ママシャル<br>mamasyal ［散歩する］<br>　　パシャル<br>　語根：pasyal | マンリーガウ<br>manligaw ［求愛する］<br>　　リーガウ<br>　語根：ligaw |
|---|---|---|
| 完了相 | ナマシャル<br>namasyal | ナンリーガウ<br>nanligaw |
| 継続相 | ナママシャル<br>namamasyal | ナンリリーガウ<br>nanliligaw |
| 未然相 | マママシャル<br>mamamasyal | マンリリーガウ<br>manliligaw |

mang–動詞のように語尾に–ng を含む接辞は、後ろに来る単語によって–ng が変化します。後ろの単語の最初の文字が p、b のときは–m に、t、d、l、s のときは–n に変化し、また、その最初の子音が消失することがあります。

■　ma–動詞

| 基本形 | マトゥーロッグ<br>matulog［寝る］<br>　　　トゥーロッグ<br>　語根：tulog | マグーラット<br>magulat［驚く］<br>　　　グーラット<br>　語根：gulat |
|---|---|---|
| 完了相 | ナトゥーロッグ<br>natulog | ナグーラット<br>nagulat |
| 継続相 | ナトゥトゥーロッグ<br>natutulog | ナググーラット<br>nagugulat |
| 未然相 | マトゥトゥーロッグ<br>matutulog | マググーラット<br>magugulat |

■　m–動詞

| 基本形 | マキニッグ<br>makinig［聞く］<br>　　　パキニッグ<br>　語幹：pakinig | マノオッド<br>manood［見る］<br>　　　パノオッド<br>　語幹：panood |
|---|---|---|
| 完了相 | ナキニッグ<br>nakinig | ナノオッド<br>nanood |
| 継続相 | ナキキニッグ<br>nakikinig | ナノノオッド<br>nanonood |
| 未然相 | マキキニッグ<br>makikinig | マノノオッド<br>manonood |

■　–in 動詞　母音で始まる語根の場合

| 基本形 | イビギン<br>ibigin［愛する］<br>　　　イービッグ<br>　語根：　ibig |
|---|---|
| 完了相 | イニービッグ<br>inibig |
| 継続相 | イニイービッグ<br>iniibig |
| 未然相 | イイビーギン<br>iibigin |

完了相と継続相では、–in を語根の前に添加します。

付録

l、r、yで始まる語根と、それ以外の子音で始まる語根

| 基本形 | lutuin [料理する]<br>語根：luto | sayawin [踊る]<br>語根：sayaw |
|---|---|---|
| 完了相 | niluto | sinayaw |
| 継続相 | niluluto | sinasayaw |
| 未然相 | lulutuin | sasayawin |

完了相と継続相は、l、r、yで始まる語根の場合、–in が ni– に変化して語根の前に添加され、そのほかの子音で始まる語根の場合は、–in が語根の最初の子音と母音の間に添加されます。

■ –an 動詞　一見母音で始まる語根の場合

| 基本形 | alagaan [世話する]<br>語根：alaga |
|---|---|
| 完了相 | inalagaan |
| 継続相 | inaalagaan |
| 未然相 | aalagaan |

an–動詞では、常に–an が語尾についたままです。それに加え、完了相と継続相では、語根の前に in– をつけます。

l、r、yで始まる語根と、それ以外の子音で始まる語根

| 基本形 | lapitan [近づく]<br>語根：lapit | subukan [試す]<br>語根：subok |
|---|---|---|
| 完了相 | nilapitan | sinubukan |
| 継続相 | nilalapitan | sinusubukan |
| 未然相 | lalapitan | susubukan |

完了相と継続相は、l、r、yで始まる語根の場合では、ni–を語根の前に添加し、また、l、r、y以外の子音の場合では、最初の子音と母音の間に–in–を添加します。

〈–in動詞・–an動詞の注意点〉
　接尾辞–inと–anが語根につくと、以下のようなアクセントや音の変化が起こりますので、覚えておいてください。

(1)　規則的にアクセントが1音節後ろにずれる
　　　カーイン　　　　　カイーニン
　　　kain + –in → kainin　～を食べる

(2)　母音で終わっている語根ではhが現れる
　　　サービ　　　　　サビーヒン
　　　sabi + –in → sabihin　～を言う
　　　アーサ　　　　　アサーハン
　　　asa + –an → asahan　～を期待する

(3)　語根の最後の音節にあるoはuに、dはrに変わる
　　　タノン　　　　　　タヌギン
　　　tanong + –in → tanungin　～をたずねる
　　　トゥーロ　　　　　トゥルーアン
　　　turo + –an → turuan　～に教える
　　　バーヤッド　　　　バヤーラン
　　　bayad + –an → bayaran　～に／～のお金を払う

(4)　語根の最後にある母音の消失
　　　ガワ　　　　　　ガウィン
　　　gawa + –in → gawin　～をする、～を作る
　　　ダラ　　　　　　ダルヒン
　　　dala + –in → dalhin　～を持って行く・来る
　　　ブカス　　　　　ブクサン
　　　bukas + –an → buksan　～を開ける
　　　サカイ　　　　　サキャン
　　　sakay + –an → sakyan　～に乗る

(5) 不規則変化

kuha（クーハ） + –in → kunin（クーニン） 〜を手に入れる
alaala（アラアーラ） + –in → alalahanin（アララハーニン） 〜を覚えておく
tawa（ターワ） + –an → tawanan（タワーナン） 〜を笑う

■ i–動詞　一見母音で始まる語根と、h、l、r、y で始まる語根の場合

| 基本形 | iakyat（イアキャット）［上にあげる］<br>　語根：akyat（アキャット） | ilagay（イラガイ）［置く］<br>　語根：lagay（ラガイ） |
|---|---|---|
| 完了相 | inakyat（イナキャット） | inilagay（イニラガイ） |
| 継続相 | inaakyat（イナアキャット） | inilalagay（イニララガイ） |
| 未然相 | iaakyat（イアアキャット） | ilalagay（イララガイ） |

完了相と継続相では、接辞 i– に加え、–in 動詞と同様 ni– を語根の前におきます。

それ以外の子音で始まる語根

| 基本形 | ibigay（イビガイ）［あげる・与える］　語根：bigay（ビガイ） |
|---|---|
| 完了相 | ibinigay（イビニガイ） |
| 継続相 | ibinibigay（イビニビガイ） |
| 未然相 | ibibigay（イビビガイ） |

完了相・継続相は、接辞 i– はそのままで、–in– を語根の最初の子音と母音の間に添加します。

maging の活用

| 基本形 | maging（マギン） |
|---|---|
| 完了相 | naging（ナギン） |
| 継続相 | nagiging（ナギギン） |
| 未然相 | magiging（マギギン） |

● **著者略歴** ●

**欧米・アジア語学センター**
1994年設立。30ヶ国語（1200人）のネイティブ講師を擁し、語学教育を展開。独自のメソッドによる「使える外国語」の短期修得プログラムを提供している。その他に、企業向け外国語講師派遣、通訳派遣、翻訳、留学相談、通信教育。米国、ベトナム提携校、韓国に姉妹校あり。
http://www.fi.jpn.ac
著書：『はじめてのベトナム語』『はじめてのインドネシア語』（小社刊）、『中国語会話すぐに使える短いフレーズ』（高橋書店）など。

**並木香奈美**（なみき　かなみ）
東京外国語大学フィリピン語専攻卒業。国立フィリピン大学大学院（文化人類学）を経て、国立シンガポール大学大学院東南アジア研究で修士号取得。研究対象はフィリピンの言語・文化、特に民族舞踊で、自身もフィリピンのプロの民族舞踊団で活躍する。在日フィリピン大使館勤務を経て、現在、国立シンガポール大学大学院東南アジア研究博士課程に在籍。

●**協力**
ロセル・チン　（Rocel Ching）

――― ご意見をお聞かせください ―――
ご愛読いただきありがとうございました。本書の読後感想・御意見等を愛読者カードにてお寄せください。また、読んでみたいテーマがございましたら積極的にお知らせください。今後の出版に反映させていただきます。
☎ (03) 5395-7651
FAX (03) 5395-7654
mail:asukaweb@asuka-g.co.jp

---

**CD BOOK　はじめてのフィリピン語**

2010年2月18日 初版発行

著　者　欧米・アジア語学センター
　　　　並木香奈美

発行者　石野栄一

〒112-0005　東京都文京区水道2-11-5
電話　(03) 5395-7650（代表）
　　　(03) 5395-7654（FAX）
郵便振替 00150-6-183481
http://www.asuka-g.co.jp

明日香出版社

■スタッフ■　編集　早川朋子／藤田知子／小野田幸子／金本智恵／末吉喜美／久松圭祐
営業　小林勝／浜田充弘／渡辺久夫／奥本達哉／平戸基之／野口優／横尾一樹／後藤和歌子
大阪支店　梅崎潤　M部　古川創一　経営企画室　落合絵美　経理　藤本さやか

印刷　美研プリンティング株式会社
製本　根本製本株式会社
ISBN978-4-7569-1364-7　C2087

乱丁本・落丁本はお取り替えいたします。
© Oubei-Asia Gogaku Center,
Kanami Namiki 2010 Printed in Japan
編集担当　石塚幸子